现代文化创意产品设计思维创新

翁　振◎著

吉林出版集团股份有限公司

图书在版编目（CIP）数据

现代文化创意产品设计思维创新 / 翁振著. — 长春：
吉林出版集团股份有限公司，2023.9
ISBN 978-7-5731-4316-7

Ⅰ. ①现… Ⅱ. ①翁… Ⅲ. ①文化产品－产品设计－
研究 Ⅳ. ①G124

中国国家版本馆CIP数据核字（2023）第182070号

现代文化创意产品设计思维创新

XIANDAI WENHUA CHUANGYI CHANPIN SHEJI SIWEI CHUANGXIN

著　　者	翁　振
责任编辑	曲珊珊
封面设计	林　吉
开　　本	787mm×1092mm　　1/16
字　　数	205千
印　　张	13
版　　次	2023年9月第1版
印　　次	2023年9月第1次印刷
出版发行	吉林出版集团股份有限公司
电　　话	总编办：010-63109269
	发行部：010-63109269
印　　刷	廊坊市广阳区九洲印刷厂

ISBN 978-7-5731-4316-7　　　　　　　　　　　　定价：78.00元

前　言

　　文化创意产业是 21 世纪最具发展潜力、最具生命力的朝阳产业之一。文化创意产品是指基于历史文化资源，利用创新理念和技术手段开发出的各种基于传统文化的再设计产品和文化服务。当下创意浪潮强调文化艺术对经济的支持与推动作用，创意产品对人们日常生活的影响正日益加深。无论是精彩纷呈的游戏动画、旅游纪念品、手机视频，还是体现个性的网络平台等，文化、体验、创意、审美等因素成为人们对产品新的诉求对象。需要越来越多兼具创意与技术的人才来增强产品的实用性、审美、文化内涵，明确创意人才的发展方向和目标。

　　在文化创意产品当中，创意和文化是其核心所在，借助充满创意的设计方式文化和产品巧妙有机地结合在一起，最后转化成具有商品价值和高文化附加值的产品。体验经济的时代为文化创意产品带来了新的发展空间，把体验要素引入文化创意产品当中，从而提升产品的互动性，突出产品的个性化，增强产品的感受性。"体验"是当前体验经济语境下的设计新理念与新思维，也可以明显地看到设计是一种以"体验"为导向的设计新理念、新思路，是现代社会发展的趋势与时代主题。

　　本书主要研究现代文化创意产品设计方面的问题，涉及丰富的文化创意产品设计知识。主要内容包括文化消费与文化创意的基本知识、文化创意产品的发展思路、文化创意产业的发展、文创产品设计与创新、多维度文创产品开发设计、创造性思维的概念、新元素、新时期文创产业的创新动力、新技术在文化创意产品中的应用、文创产品设计的未来发展趋势等。本书在内容选取上既兼顾到知识的系统性，又考虑到可接受性，同时强调文创产品设计的应用性。本书涉及面广，技术新，实用性强，使读者能理论结合实践，获得知识的同时掌握技能，理论与实践并重，并强调理论与实践相结合。本书兼具理论与实际应用价值，可供相关教育工作者参考和借鉴。

由于笔者水平有限，本书难免存在不足之处，敬请广大学界同仁与读者朋友批评指正。

目　录

第一章　文化消费与文化创意

第一节　文化商品的价值

当代社会，产品的存在形式和满足人们消费需求的形式产生了显著的变化。伴随新的商品形式的出现，商品由满足人们的基本生活需求向更高层次发展，满足人们精神需求的商品成为新的消费热点。由此，消费和消费文化逐渐成为政府和学者们关注的对象。这些文化产品中带有显著的时代特征和社会特征，同时也传递着社会的价值、意义及社会规范要求等，由此产生了对这些产品进行链条操作的产业形势，即文化产业诞生。文化产业在产业特征、产业机制和产业的运营形势等方面都与传统产业存在显著差异。因此，文化产业也是人们对产品创意性需求创新的产业。

创意产品是突破常规思维形式的最终结晶。在文化产品中产品的创意性非常重要，这也同时表明了创意是人类劳动价值的体现。文化产品所特有的文化特征总是与社会历史、时代发展和民族特征密不可分的，因此理解一个文化产品需要了解社会的历史性和背后的民族特征。这一规律已经在马克思的经济学思想中得到了体现，马克思就是从商品的历史性、民族性等方面着手分析商品经济规律的。文化商品具有文化性和经济性的双重特征，也是社会发展的文化传递形式。在文化人类学的视域下，人类文化多元性背景决定了文化产业的发展总是带有民族的烙印。在充分认识人类文化发展多元性特征的基础上，分析文化商品使用价值的多重可能性及导致多重可能性的社会文化根源，分析文化产品的价值构成特征的过程也是分析文化产业发展实质的过程，对于认识社会发展的轨迹具有重要现实意义。

一、文化商品的价值基础

人类活动的本质属性在于创造。人类发展的过程就是在不断创造新文化的过程。因此，文化产业发展的过程是人类社会发展的必经过程和一种必然形式。在经济社会的发展中，生产过程的发展就是不断地再生产过程，但是任何的劳动过程不能是重复性的建设，在再生产的过程中，要发挥人类的智慧，重新构建商品中各种要素的组成和结构，促使产品在形态和使用价值上都产生根本性的变化。同理，创意在商品上的体现本质上是通过新的思维促使产品的架构和要素得到重置，增加其价值的过程。因此，文化的发展总是与创意存在千丝万缕的联系，总是相依相存的。但在商品创意的发展过程中，虽然人们认同创意的重要性，但是在再生产的过程中加入创意性的劳动却得不到重视。在分析劳动特征时，伴随经济社会发展，劳动的定义早已经不是简单的体力劳动，人们对事物的分析、比较、归纳得出的一些经验规律的过程显得更加重要，创意成为指导简单劳动的思想性活动。因此，现代商品的发展过程中，创意性劳动具有独特的价值。

文化商品的出现，代表了人类社会对创意这种劳动在价值领域内的认同，对文化产品的认可并使其发展也带动了文化产业的发展。劳动价值论是对人的智慧特征的认可，人类的商品特征中必定是包含了人类智慧的产品。人类发展的社会性要求现代产品不仅要满足人们的物质需求，从更高的发展层次讲，更要注重文化产品的生产，满足人们日益增长的文化产品需求。人类的需求是物质和文化的双重需求，文化产品的出现正好满足了人们在文化方面的需求。相对于普通的物质性产品，文化产品更多的是在于其传递了人类对精神内容的追求，是社会发展文化特征的体现，也是人类社会发展更高阶段的必然体现。

二、文化商品使用价值的文化多样性前提

人类社会发展衍生的文化呈现出多样性特征。文化商品的这个多样特性在生产和消费两方面都得到了很好的体现，并且在商品的价值和使用价值方面也呈现出多样性的特征。人类的经济活动形式带有社会性的特征，这是人类群体特性决定的。因此，在文化商品方面也蕴含着人类商品的经济和社会性特征两方面的内容。前面讲到，商品已经不能仅仅局限于满足人们的物质需求，人类在精神层面的需求日益显现出来，文化商品的需求日益增加，研究表明，人们对于产品的需求，除了基本的生理需求外，更多地表现为心理方面的满足，比如，身份、地位、权利等方面的体现。因此，人们基于自身的心理需求特征，对商品的使用效用和满意度评价方面存在差异性。这种差异，在短期或者小范围内表现为消费者个体的需求差异，但当放置于经济社会的发展中来看，不仅仅是个体的差异，而是人类社会不同文化世界的差异表现。当处于不同文化背景的人们对文化产品的消费产生差异时，表明不同文化社会的产品存在差异，这时就产生了对不同文化产业的冲击影响。

现代社会的发展不仅仅是物质方面的，精神文明的发展更是重要。通过提出问题、解决问题，不断发掘创新，出现新的商品形式等是对人类不同领域的物质文明的贡献，对文化商品的创造性改进更是对精神世界的发展贡献。不同类型文化上的进步不仅促进了文化产业的发展，更促进了整个社会精神文明的发展。因此，文化创意产品是经济社会发展的又一体现。

三、文化商品交换价值的实质及幻象

虽然从社会总商品来说，交换价值总是与价值相等，但在交换过程中，经常会出现个别商品的价值和价格偏离的情况。马克思对此有深刻的揭示，他认为："价值表现的秘密，即一切劳动由于而且只是由于都是一般人类劳动而具有的等

同性和同等意义，只有在人类平等概念已经成为国民牢固的成见的时候，才能揭示出来。而这只有在这样的社会里才有可能，在那里，商品形式成为劳动产品的一般形式，从而人们彼此作为商品所有者的关系成为占统治地位的社会关系。"文化商品作为商品的一种，其出现交换价值和价格偏离的情况也属于正常现象。从本质意义来看，人类的劳动创造了商品价值，人类的创造性的劳动使商品具有了交换价值，但是在经济社会的交换过程中，存在很多影响交换价值的因素。因此，文化商品在交换过程中，也经常出现价格与价值背离的情况。现在经济社会的发展促使生产和消费产生了分离，这促使了社会分工和交换的发展，也为不同的文化商品交换提供了发展机遇。因此，商品交换需要解决生产和消费分离带来的影响。对于商品生产者来说，他们生产的商品已经不能满足需求，需要差异性的产品满足不同的需求时，就产生了对交换价值衡量的产品出现，这时货币产生了。货币的产生使人们按照商品的交换价值进行货币交换。货币成为人们满足差异性需求的一种重要的交换媒介。人们对商品的需求变成了对货币的追逐。货币在经济社会的交换过程中扮演重要角色。当货币与商品交换的手段变成了人们追逐的对象时，商品价值和价格体现出相等幻象。经济社会中并不存在的商品形式，开始出现了经济性特征，并以货币表示为价格形式，可以进行交换和出卖，表现出商品特征。

对金钱的推崇使文化商品对人类社会精神境界的追求被削弱，人们精神境界的追求不被重视。优秀的传统文化在进行产品转型和创造性的体现时，往往被经济成本所限制，不能得到有效发展。这种现象导致，比较低俗的、迎合社会需求的，甚至是一些畸形的文化商品形式出现，并得到推崇，造成了生产与消费的幻象。沉迷于交换价值幻象的消费者们总是认为交换价值决定了商品交换。这不仅使人们在物质世界失去了理性的判断，在精神层面的需求过程中，更是不能找寻到正确的、理性的消费方式，产生了这个时代的文化上的问题和隐患。

在文化产业发展过程中，以金钱为目的的交换价值幻象导致了文化产品发展缺乏创意，不具备长期发展能力。追逐交换价值幻象的发展模式，最终也不能得到长远经济利益。只有对文化产品包含的丰富的人类创意性劳动内涵认可，才能正确认识文化产品的交换价值，因此那些背离了交换价值规律的经济现象最终不能长远发展。

劳动才是人类一切文明和文化成果的本源，劳动价值论就是这一基本经济理论认知的体现。劳动本身就是人类社会的创造性活动。文化是一个由思想、价值、符号及价值意义等组成的价值系统。文化作为社会的组成部分，更体现了人类改造社会的能力和人们对生活方式的追求。经济活动和文化生活是密不可分的两个方面，经济活动需要文化产品的出现，文化产品的发展离不开经济发展。从本质来讲，文化产品是经济产品发展到一定程度的产物，是人类活动经济价值的体现。文化商品与其他物质商品具有显著的区别，它体现为对精神世界的价值贡献。这是深层次的需求，在人类智慧发展的重要活动领域中，文化产品充当了重要的发展工具。

重视文化产品价值中人类劳动的作用，就要强调文化产业，要根据马克思所说的"更有利于生产力的发展，有利于社会关系的发展，有利于更高级的新形态的各种要素的创造"来进行发展。文化商品既具有经济特征还具有创意性，更重要的表现为人类的社会活动特征，文化商品的发展需具备引导社会积极健康发展的功能，否则这样的文化商品是不具有经济价值的。需要增加对人类社会有贡献的文化商品，这离不开人类的创意性劳动，将创意性劳动融合到文化产品中，才能为文化产业的发展提供长足发展动力，也为良好文化产业发展打下基础。

第二节　文化消费

一、从文化资本积累的角度看当代文化消费

1. 文化消费是促进人类文化资本积累的主要途径

布尔迪厄认为文化资本的主要作用在于促进个体的人生发展,文化消费可以实现人的文化资本积累。

第一,文化消费能体现个体的日常文化观,促进诸如品位、趣味等个性化的内容发展,正是这类消费带动了个体在阶层上的差异。一个家庭甚至一个家族的文化消费的习惯有利于形成一种家族文化。家庭在文化消费中表现出的消费习惯能形成消费惯性,并形成固定的文化消费氛围,形成下一代的文化消费品位。不同类型的文化消费之间形成差异,同类文化消费的人群更容易实现融合,这进一步拉大了文化消费之间的阶层差异。这样看来,文化消费偏好直接影响人格,形成文化资本积累,发展一种良好的偏好就显得颇为重要,因为这有利于培养与主流社会、主流群体一致的"共同语言",从而积累有助于阶层上升的人际关系。总之,文化消费能从个体影响扩大到家庭影响直至社会影响,有利于培养一个社会的主要文化氛围和文化基调,有助于社会发展,并能提升整个社会阶层的文化品位。

第二,文化消费也可以形成物质资本形式,并且文化资本也可以以物质资本的形式实现代代相传,形成家族文化积累。但是需引起注意的是,如购买书籍、文化艺术品等购买消费并不是真正地实现文化资本积累。对文化产品完成了购买过程,并不意味着实现了文化消费。文化消费需要消费者具备一定的消费能力,这里并不是指的购买能力,而是消费者能具备吸收和学习这类文化产品的能力,并且通过文化消费提升自身和家庭的整体文化鉴赏能力,提升文化消费层次,形成对文化产品消费的习惯性影响,这种从购买到学习、吸收的过程才是真正意义上实现文化资本以物质资本形式的代代相传。

第三,文化消费是获得和积累体制形式文化资本的最有效途径。体制形式的文化资本通常是指个体的受教育程度即所获得的学位和相关职业技能资格等。文化消费是获得这类资本的最重要路径。并且研究表明,文化消费的投资越大,个体所能获得的体制形式的文化资本也就越大,这类文化积累有利于整个家庭和后代的文化消费能力的提升。

2. 文化消费是加速产业文化资本积累的主要途径

根据经济学理论可知，消费可以直接拉动生产，文化消费同样可以直接地拉动文化产品生产，促进文化产业发展。文化产业的发展可以带来文化资本的积累。

第一，文化消费可以直接促进文化产业发展，推动产业资本积累，并且促进文化产业的再生产活动。文化产业的利润主要来自消费，文化消费活跃将带动文化产业利润增加，增加的利润一部分用于购置相关的原材料，另一部分用于文化产品创意设计、文化产品的生产条件改进等，促进新的文化产品出现，实现利润循环。另外，文化消费的利润水平也是能够增加投资的重要衡量标准，良好的盈利可以吸引更多的投资，投资带来的资本增加，可以更好地为文化产品创造基础条件，带动文化产品的创新发展，反过来又促进了利润增加。因此，文化产品消费的繁荣程度决定了文化产业的资本积累程度。

第二，文化消费的方向能引导文化资本的投资方向，并促进文化产业结构和产业链的优化发展。文化产品的供应方要加强产品的销量就要吸引消费者，并根据消费者偏好、消费趋势及消费特点等供应相应的产品。所以，文化商品供应的过程就表明了文化产品消费市场的变化趋势。文化投资的决定也是根据市场行为产生的，只有适合消费者需求的文化产品才会得到投资。因此，适应市场的文化产品更容易吸引投资，并且伴随投资的增加，适应市场的文化产品发展带动了文化产业结构不断优化。这种文化消费、生产、投资产业链的良性协调发展，带动了文化产业结构、文化产品供应和文化产品的需求，实现了良性互动，不断地促进文化市场繁荣发展。

从本质上看，文化产业链的广义是"文化＋"消费链。文化产业是一系列相关产业的链条式发展形成的，是文化产业不断加深和文化产品不断创新升级发展的结果。

二、从文化资本转化的角度看当代文化消费

1. 文化资本可转化为社会资本，文化消费具有社交功能

布尔迪厄在《资本的形式》一文中论述道："资本不同类型的可转换性，是构成某些策略的基础，这些策略的目的在于通过转换来保证资本的再生产（和在社会空间占据的地位的再生产）。"因此，文化资本可以放在整个社会的角度去分析，文化资本的转化形式也被界定出来，当产品的生产和消费相互促进时，文化资本可以体现出经济资本和社会资本两种形态。

根据布尔迪厄的资本转化观点，文化资本转化为社会资本的形式主要可以分为以下三种转化模式：第一，文化资本如果表现为人格形式，则可以体现为一些习惯形式，并形成共同的文化基础和社会阶层情况，因此形成了阶层形式的社会资本。第二，如果文化资本的形式为物质文化资本，则这类资本体现为实体的物品，例如，购买的艺术品、书籍等，这类物质产品不仅代表了购买人的品位和文化基础，也代表了购买人的经济实力和阶层地位，形成了一定的文化产品交流圈层。因此，文化资本在一定意义上转化为了社会资本。第三种形式的文化资本体现为体制形式的文化资本，这类资本通常是一种制度化的资本表现形式，比如，通过文化产品的消费，实现了一定的学历和职业技能，获取了一定的社会地位和社会阶层，直接将文化产品的消费积累成制度形式的文化资本，再通过社会地位的获取实现文化资本到社会资本的转变。此外，在制度化的文化资本过程中，还产生了很多的隐形效应。比如，在获取了特定的社会地位或者进入特定的社会圈层以后，一些隐形的福利待遇、机遇、礼节等得到了提升，这种提升也带来了文化消费品位的提升，又形成了反向促进关系。但是，这种转化不是外在体现出来的，因此在分析文化资本到社会资本转化的过程中称之为文化资本转化的隐形形式。

由以上分析可以得出，文化消费可以带动文化资本积累，再通过文化资本对社会资本的转化，实现其社会功能。

经过文化消费向文化资本的三种形式的转化，资本积累得到实现，文化消费

通过消费功能实现了文化资本增加。文化消费的主要转化形式主要体现为对教育方面的文化需求。文化需求的消费主要是基于个体兴趣爱好的发展，或者是通过共同的文化意识形态，形成一种社会阶层关系，得到一定的社会阶层地位，实现社会资源的积累，并实现社会关系巩固。

2. 文化资本可转化为经济资本，文化消费繁荣文化产业

从社会学和经济学角度出发分析，文化资本都具备了转化为经济资本的条件和表现形式。布尔迪厄从社会学角度出发，认为文化资本在个体中表现为一种人生资本，通过这种资本可以得到更好的社会经济地位，实现更好的收入和社会福利。因此，文化资本通过社会关系实现了向经济资本的转化。思罗斯比从经济学角度出发，认为文化资本本身就具备了经济特征，文化资本可以直接投入和运用到文化产品的生产过程中，创造更多的文化资本积累。

学者们已经认同文化资本可以转化为经济资本，那么转化为经济资本之后，作用主要体现在哪些方面？第一，从表象上看，文化消费是购买了相应的文化产品和文化服务，但是从深层次来看，文化产品背后蕴藏着丰富的文化内涵，文化创意通过消费的形式实现了资本积累，形成了创意价值资本链。第二，文化消费是一种带动性和相关性消费，在消费文化产品的同时也带动了相关产品的消费，加快了文化相关产业发展，并促进了产业资本链形成。第三，文化消费为文化生产带来了资金转化，通过将文化产品转化为文化资本，实现经济资本积累。所以，文化消费带动了文化产业在创意资本链、产业资本链、资金资本链三方面的发展，促进了各方面的互动发展。文化消费成为文化资源资本化和产业化运营的最关键一环和最直接动力。

第三节　文化创意相关概念

文化产业的发展在全球范围内产生了巨大的影响，为经济发展提供了发展动

力和支持。尤其是一些发达国家，在物质经济发达的基础上，文化产业发展为经济发展提供了新的动力支持。因此，许多发达国家把文化产业作为一个国家的战略性产业。文化产业的发展逐步成了世界经济发展的一种崭新表现形式。在文化产业的发展过程中，文化创意产生了重要的引领作用，创意决定了文化的发展方向，并且通过创意促使文化产业实现结构优化和质量效益的提高。文化资源的丰富、文化产业融合、文化资本的积累，这一系列的发展都与创意密不可分。此外，文化产业的发展也离不开相关产业创意的发展，相关产业的发展对文化产业产生了技术外溢效应。因此，创意是文化产业的核心力量，对文化产业的发展起到了决定性作用。

一、文化产业、创意产业和文化创意产业内涵界定

联合国教科文组织通常以文化产业作为常用定义。英国学者大卫·赫斯蒙德夫把文化产业定义为"与社会意义的生产最直接相关的机构"。美国学者艾伦·斯科特则基于文化服务的产出和作用来对文化产业进行定义，认为基于娱乐、教育和信息等目的的服务产出，和基于消费者特殊嗜好、自我肯定和社会展示等目的的人造产品的集合就可以被定义为文化产业。中国学者胡惠林则认为文化产业是由生产和消费组成的一个有机整体，它是一个系统性的产业。综上，从国内外的学者定义可知，文化产业的定义通常都是从狭义的角度出发的，关注的是其内部蕴含的文化意义。

英国最早产生了创意产业的概念，创意产业在英国的经济发展中、在理论经济学的相关领域都产生了深远的影响。英国学者约翰·霍金斯就认为它是经济全球化背景下的产物，以创造力为核心竞争力，个人或者团队依靠自身的技术或者创意去带动产业的发展，形成新的知识产权或者是经营新模式。由此，创意产业被定义为一个以脑力创造为主要优势地位的创新性产业。澳大利亚学者约翰·哈特利考虑将新媒体的力量作为创意产业的主要发展动力，通过创意将个人和工业生产结合起来，产生了生产和消费者之间的互联。同样，澳大利亚学者斯图亚特坎

宁安则认为，从本质上来看，文化产业和创意产业没有区别，创意产业可以创新新经济中的价值，可以实现单纯的媒体、技术等无法实现的效用。总之，学者们对创意产业的定义不仅考虑了文化本身，更重要的是从人的创造力出发，挖掘更深层次的创意产业含义。并且在研究创意产业的过程中，不只分析其对当前经济的影响，而是更加注重创意产业对未来经济的影响。

文化创意产业的定义和包含的范围都处于不断地更新的探索中，国内外学者没有对其形成统一的观点。但是学者普遍形成共识的是，文化创意产业是由产品和服务两类组成。世界知识产权组织给出的定义认为，文化创意产业的所有活动都应该是围绕知识产权进行的活动，这些活动可能包括创造、生产、制造及传播等活动，这些活动的核心都应该是围绕知识产权进行的。联合国贸易和发展会议在《创意经济报告》中也认为，文化创意产品由货物和服务两种形式构成，都是以创意为核心的。这类产品在生产过程中包含了大量人类创造力和创意。

文化创意产业在中国也得到了学者和政府的重视，并在理论和政策运用方面都得到了新的发展。中国人民大学金元浦教授认为文化创意产业是以经济全球化为背景产生的，是为满足人们的精神文化需求而产生的，通常是以技术手段作为支持，通过媒体等手段的配合实现经济和文化融合的一种系统性产业。台湾实践大学李天铎教授认为文化创意产业实际上是一个大的集成系统，从表层意义理解为文化艺术、风俗习惯等，而实际内涵中涉及了文化背后更深层次的内容，比如，创作、发行、版权、消费，范围涉及影视、动漫、音乐、广告等。大陆学者对文化创意产业的衡量存在不同的标准，他们往往从经济实践和经济数据方面分析其蕴含的理论意义。总之，文化创意产业是一个与多种技术相关的产业，并且涉及许多相关行业的发展，从综合角度考量并对其进行界定，被认为是一个普遍的趋势。

然而，在实际经济社会中，经过观察不难发现，图书馆作为文化机构，图书馆界对文化创意产品的认知和分析也存在较狭窄的层面。比如，近年来图书馆学者对文创产品停留在实体物质层面，没有挖掘其背后更深层次的产品的文化内涵。

虽然有个别研究提出，文化创意产品的研究应该从物质形态和非物质形态两个方面考量，但是仅仅提出了这两种分类，没有指出非物质文化形态产品的具体内涵和如何分析，其认知还是停留在表层。面对这种困境，可以从国家和各地政府的一系列发文中找到相关的分析方向，政策汇总发现，不仅重视物质文创产品，更加注重非物质形态文创产品，并且提出要加快促进文创产品和相关产业的融合发展。但目前，能真正开展文创产品的图书馆还不是很多，国内做得比较好的有国家图书馆或几个省级图书馆，它们发展文化创意服务产品的同时，注重将文创与旅游融合起来，推出了系列研学游服务。

通过分析国内外对文创产业的研究进展，我们尝试可得出文创产业内涵的一些要点。文创产业是以创意为核心动力，通过文创产品与相关产业的融合，促进人类经济世界的发展，并最终促进经济社会发展的新兴产业。文创产业大致可以分为三个类型：第一类为生产文创内容的，这类主要包括产品制造、电影产业、音像产业等；第二类主要体现为传播宣传服务，对相关的文化创意产品（或服务）进行传播服务，包括营销业、出版产业、传媒产业等；第三类是文化创意产品（或服务）生产和传播过程中的软硬件服务，包括技术发明、音响录制、电影放映、图书印刷等方面。这类内容中需要相关产业技术的支持。通过以上对文创产业的概念的国内外发展情况和相关的分类进行总结，可以得出结论如下：

（1）从文化层面去定义和划清文化创意产业的起源、内涵和相关外延。人类文明的不断进步促进了文化创意的产生与发展，但文创产业依赖于经济社会的发展，以经济发展为基础。在市场经济环境下，文创产品的发展关键是市场需求，市场的需求决定了其发展形势和方向，经济技术手段等是其发展的辅助力量。在发展过程中，文创产业的商业化运作又有可能对文创产业产生一定程度的负向影响。过度的商业化把文创产品的文化内涵冲淡了，增加了商业气息，掩盖了文创产品的本意。因此，文创产业的发展过程中，商业化运作是发展手段，但要合理运用，要将文创产业立足于文化基础上。

（2）文化创意产业的起源最早可以追溯到几百年前的文化。从属性角度分析，文创产业最早起源于一些零星的文创行为，随着专业性和技术性的增强，逐步发展成为系统性的产业形式。从经济角度分析，文创产业是由许多相关产业系统组成的，这些产业在文创产业之前便已经产生并发展起来。

（3）文化创意产业的内涵包含了精神价值、道德信仰、文学艺术、生活方式等多种文化层面。通过融入人类的创意来激发影视、出版、传媒、设计、广告、动漫、游戏、互联网以及音乐、舞蹈、美术等文化艺术形式的生命力，融合文化与科技、信息、旅游、体育、农业、金融相关产业形式等，形成的一种系统性的产业形式。总之，文化创意产业是包含了人类创造力的多种相关产业形式共同融合发展形成的。

（4）文化创意产业的核心是创意。从外延内容来划分，文化创意内容可以分为三种类型：文化创意产品的生产、传播、生产和传播所需的软硬件支撑。以创意为核心的文创产业突破了传统的三次产业的划分，使产业门类在创意核心下进行融合发展。以创意为核心的外延不断延展，会造成文化创意产业外延无限放大的问题。伴随文创产业外延的扩大，也会导致文创产业范围的无节制扩大。所以，在对文创产业外延界定时，不仅要考虑自身的概念，也需要结合国家的产业发展状况和发展规划，这样才能对国家的文创产业做出适合国情的界定。

二、文化创意产品的内涵与外延

文化创意产品是一类特殊的产品。它主要是为了满足人们的精神需求而产生的。主要特征表现为：一是开发和利用现有的文化资源，二是存在一定数量的消费人群。在文化创意产品市场中不仅是要生产相关产品，并且还要保证产品能满足消费者的精神与生活需求。文创产品是对文化产品的创意性发挥，通常的文创产品是可以重复升级和利用的，因此文创产品还具有重复发展的特征。对文化资源的利用和开发程度与消费者自身的文化产品消费能力密切相关，对消费者的文化产品消费能力进行深入的了解和分析，对于分析文创产品发展具有重要现实意义。

文化创意产品的内涵是丰富的，涉及多个方面。主要是指满足人们精神需求的，包含创意因素的各种文化产品的集合。这类产品通常具有民族特征和社会文化特征。伴随文创产品的深入发展促进了文创产业的发展。通常可以根据文创产品对人类精神的满足分为四种类型。第一种称为核心类产品，是满足人们的精神需要的性质，比如，满足审美追求。第二种称为形式产品，主要指满足人们精神需要的实现方式。第三种称为期望产品，主要考察产品满足人们精神需求的程度，人们对其效用的满足程度。第四种称为延伸产品，主要指文创产品带给消费者的附加效用，比如，是否提高了人们的审美层次。

文化创意产品的外延我们主要从层次和国别分类尝试理解。

1. 从层次上分类

从产业链的上、下游关系及产品的创新程度上分析，文化创意产品有三个层次上的分类，也是其外延的重要实现形式。从上游和下游产业关系出发，结合产品的创新程度，通常将文创产品分为三种类型。这也是其产品外延上的体现形式。第一种是包含了以思想性、创新性为主的核心产品，包括新闻、出版、报业、文艺演出等，由于产品具有原创性的特点，在满足消费者的需求方面产生了良好的反馈。第二种是外围产品，这类产品通常是对文创产品的一种衍生体现。形式主要有音像、电信、旅游、娱乐等，采用思想、文化、创意的方式满足消费者的精神需求。第三种是延伸产品，具有文化创意的非兼容性和非排他性的双重特征。例如，园林绿化、会展、工艺品等。尤其是产品的非排他性，消费者的使用数量并不影响其他消费者的使用，大大提高了文创产品的消费者效用，也提高了文创类产品的社会效用，对于提高整个社会的文化发展发挥重要作用。

2. 从国别上分类

由于每个国家的国情存在差异，因此决定了文创产品在起源、发展方向、表现出的特征和发展的重点等方面在各国之间存在差异。因此，各个国家对文创产品的定义也存在显著差异。要深入分析文创产品的外延，必须依据不同国家的国情对文创产品进行分析。下面以英国、美国、日本、中国四个国家作为例子进行分析。第一，分析英国的文创产品，英国由于其经济的发展程度带来的精神产品需求较早，因此英国也就成了最早提出并发展创意产业的国家。英国主要重视以设计为核心的创意产品的发展，并且重视高技术产品在创意产品中的应用，其主要关注的产业包括广告、音乐、出版等方面。第二，从美国的文创产业来看，主要体现为版权特征。美国依据这一特征将文创产业分为四个类型。一是核心版权产业，包括图书出版、文学创作、音乐、摄影等。二是相关的交叉版权产业，行业外延为电视机、收音机、录音机等。三是部分版权产业，行业外延为服装、珠宝、家具博物馆等。四是边缘版权产业，包括大众运输服务、电信、网络服务等。在各分类过程中注重文创产品的知识性特征。第三，由于日本这个国家在动漫方面发展迅速，不仅在自己国家中占有很大市场份额，在欧洲国家也占据了较大的市场份额，成为其国家的文化特色。因此，日本将文化创意产业分为内容产业、休闲产业、时尚产业等。这种分类方式体现了国情特色，也符合自己国家的经济发展特征。第四，我国的文创产业分为文化艺术、广播、影视、网络服务、广告设计服务、休闲娱乐、旅游等多种类型。从类型上、从层次上、从国家经济发展程度上我国的分类方式都有助于文创产业的明确发展。为明确文创产业的发展提供了理论支撑，同时为有关文创产业学科的发展提供了理论基础。

第二章 文化创意产业概述

第一节 文化资源转化与文化产业创新

一、现代产业背景与新的文化资源观

任何社会和产业发展都离不开资源，资源是形成一切经济条件的物质基础。文化创意产业也不能例外。文创产业的发展不仅需要有形的物质资源，更需要无形的文化资源。

关于文创产业所需的文化资源，目前并没有形成统一的观点。相关的观点主要有下列几种：第一类，把文化资源与文化进行了简单的相同化处理，认为两者之间可以等同。第二类，认为文化资源是由人类的物质资源转化而来的，可以划分为历史资源和现实资源。第三类，认为文化资源是可供主体利用和开发，并形成文化实力的各种文化客观对象。比如，以前的文化资源的积累以及现代的文化活动、文化设施和文化的相关载体，这些都可以称为文化资源。同时还认为，文化资源的种类多种多样，有历史性和现实性的、人文与自然的、有形的与无形的、可再生的与不可再生的等。

通过分析文化产业和文化资源的相关定义，可以得出虽然各种定义之间存在差异，但都是围绕人的创意为核心进行定义的。值得注意的是，文化资源不仅表现在人文方面的资源，自然资源也是重要的组成部分。在现实经济社会中，文化产业是放置于产业背景下进行文化资源分析的，但是资源的概念伴随经济的发展

和时代的发展发生不同的变迁，因此本研究认为文化资源也应该在产业背景下去理解和阐释，也就是说，文化资源要伴随产业资源的发展进行不同的定义。因此，文化资源的范畴包含的范围广泛，并且伴随时代特征进行变化，文化资源已经是时代特征下，不同的区域和人文资源的汇总，不仅包括时间概念，也包含空间概念。从更广泛意义上来讲，自然资源也包含在文化资源的范畴当中，比如，根据当地特色定义的产业资源，如东北文化产业中的冰雪元素。

文化资源中包含历史性因素，还受社会文化和自然资源因素的影响。既可以表现为物质文化形式，又可以表现为精神文化形式。在具体的体现形式上，文化资源可以是物质的、符号的，可以是思想的、抽象的，形式多种多样。物质文化资源通常是可以通过一定的措施和标准进行价值衡量的，比如，历史文物、工艺品等，可以用价值评估的办法进行衡量。以非物质形态呈现的文化资源通常不能通过具体的标准进行衡量，这类文化资源的价值在于消费者的心理衡量，这类文化资源主要表现为三种形式。第一种是一些符号化的文化知识，如语言、图画、音乐等。这种文化资源容易被记录下来，继而进行复制或者转化到产业生产中，产生社会效用。第二类是经验性的文化资源，例如，写作、歌唱、编程、设计等一些技能类活动，这类文化资源可通过长时间的学习获得，获得此类文化资源可以形成文化积累，为他人提供捷径。第三类是对文化资源的创新能力，如构思、创意、灵感、决策能力等。创新能力是文化资源价值中最重要的一方面，文化产品是创意性产品，对文化资源中的创意具有较高要求，这类资源正好满足了文化产品的要求，能对应文化市场上消费者的需求。

文化产业的发展离不开国家和民族的文化底蕴，中国悠久的文明历史为中国文化产业的发展奠定了坚实的基础。与此同时，中国丰富多样的自然资源也为文化产业的发展提供了良好的产业基础，并且为文化产业发展的丰富多彩和异质性提供了物质保证。

然而，仅仅拥有资源说明不了什么，对资源的一知半解或一般性了解也无关宏旨，至关重要的是必须"吃透""悟透"资源，掌握文化资源的禀赋资质。一个国家和民族有丰富的资源并不代表可以发展良好的文化产业。发展文化产业需要对拥有的物质和文化资源进行深入的理解和运用，这样才能发展好文化产业。

发展文化产业需要从以下几个方面的文化资源入手，这几个方面分别为资源品相、资源价值、资源效用、资源可发展预期和资源可传承能力。

资源品相主要衡量资源的外部特征和一些基本属性。

资源价值包含衡量文化价值、时间价值、消费价值和保护等级。其中，文化价值是文化类资源最重要的特征，表明了特定资源的社会性和经济性。时间价值主要指文化资源形成的历史、相对于其他物品的稀缺性、产生时间、所处的社会经济发展水平以及其比较优势和可替代性。此外，还包括文化资源的可复制性，用以衡量文化的独特性和原创性特征。文化消费与其他消费品相比具有独特的消费特征。主要体现为可以体现个体的人生观、价值观及习俗或者生活习惯等方面的特点，这种消费特点需要依赖文化产品消费实现。保护等级是联合国教科文组织等国际组织和国内有关机构对相关文化资源的保护做出的等级评审。

资源效用是一个多角度的、多方面的衡量，主要涉及社会效用、经济效用、资源消费人群以及资源市场规模等，和其他的基本生活资源相比，文化资源具有不可替代性和地域差异。

可发展预期与文化资源和相对应区域的社会经济文化发展特征、人民的生活等方面存在密切的联系，因此区域经济发展水平对文化资源功能的发挥产生重要应用，可发展预期与当地经济的预期密不可分。

文化资源的可传承能力主要是指资源规模、资源综合竞争力、资源成熟度和资源环境等。

文化资源是文化产业基础性、核心性的要素。文化资源在文化产业的发展过程中发挥着重要作用。深入分析文化资源的特征，合理运用和发挥文化资源的功能，能促进文化产业发展。否则，没有因地制宜，脱离了自身文化资源背景的文化产业注定不能长远发展。

二、文化资源的闲置、不当开发与文化产业形式雷同

我国不同区域都具有丰富的文化资源。其文化资源不仅历史悠久，还有独特的文化底蕴。但是，文化资源丰裕的区域并不意味着一定能发展繁荣的文化产业，这需要其他要素的支持，这些要素主要包括创意和现代的相关软件和硬件设施。在文化资源的利用过程中，若不能掌握和利用自有资源的独特性，容易被他人模仿和复制。这些中国的传统文化在国外盛行和发展起来的例子已经存在，因此需要重视防范，并引以为戒。

正确的认知可以规避文化产业发展道路上的误区，但是错误的认知会成为文化产业发展的阻碍，可能造成文化产业发展中的扭曲开发、错误利用，甚至是不可逆的负效应。这类负效应主要表现在文化资源的限制和浪费方面。主要表现为，在文化或者是历史性的文化资源保护方面意识淡薄，很多历史性文化资源遭到了破坏。同时，文化资源的发展需要良好的社会基础和人民群众的保持意识，但是这两种基础在目前还存在一定欠缺。

涉及现代化的文化资源方面，许多与文化硬件相关的文化资源的使用效率低下，成为现在社会文化产业发展的一大难题。例如，我国剧场的空置率较高。许多高校开设的博物馆难以引起消费者的兴趣。同样，由于消费者的文化消费意识和保护意识不足，许多有田园特色的或者是自然风光的文化资源，在消费的同时也遭到了破坏，最后导致文化资源无人问津。

不当开发主要表现在以下四个方面：

第一种是急于开发。一些区域没有对当地现有文化资源进行理解和消化，没有总结出自己的特色和适用范围，而是盲目着急上马开发，导致对文化资源缺乏调研，缺乏有效利用。这样开发出的文化资源产品和文化产业的发展都是盲目的、跟从的，无法最大程度地发挥文化资源的特色。这样的文化产业在发展过程中不能实现长效机制，还会导致文化资源的破坏。因此，对文化资源进行合理有效的规划，是开发文化资源的前提。

第二种情况是盲目开发。首先文化资源在功能和分类中都存在差异化。有些文化资源是容易被开发和形成文化产品的，而有些文化资源是很难被转化为社会应用产生经济价值的。通常来讲，可度量化的文化资源容易被转化为文化产品进入市场，发挥市场价值。而不可度量的文化资源是很难转化为文化产品进行传播发挥价值的。如果对文化资源的转化没有充分的认知，没有遵循文化资源的特征，在利用过程中可能产生盲目地开发。

第三种情况是粗放开发。许多地区在经济利益的驱使下，在没有对文化资源现状进行充分认知的前提下，就简单化仓促地生产了一些低水平的文化产品，以为这类产品可以代表文化资源体现出来，但是带来的经济效益并不高，消费者在消费过程中习得的文化知识也很少，对产品所含文化认可度较低。另一种情况是，一些经济不发达地区，没有充分利用现代科学技术方法，按照对现有文化资源粗糙开发，生产出带有一些知识或文化符号的产品后推向市场，这类产品缺乏文化内涵气息，知识单纯地与文化资源产生关系，并没有将文化资源的深层次内涵包含在其中，这类产品的文化价值同样极低。同时，在文化资源的开发过程中，开发者缺乏文化储备，文化产品意识也比较薄弱，因此也导致了文化资源没有得到有效开发和合理利用。从社会发展的大环境出发，城市化、工业化的快速发展也压缩了文化资源的空间，也会导致文化资源的粗放式开发。

第四种情况是无序开发。由于经济利益的诱惑，多数情况下存在着对文化资源的快速开发，没有合理的顺序和长远的秩序安排。对文化资源被改头换面，冠以市场化的名头，快速地开发出来，失去了原有的文化气息。一些民间的民俗活动等也被商业化无序开发，没有了原有的风土人情内涵。甚至有一些珍贵的文化资源被这种无序开发导致了内容的扭曲，促使整个社会文化资源开发环境发生了变化。

三、基于资源禀赋的文化产业业态选择

单纯就文化资源这一资源来分析，文化资源本身并不是一种产品，也不是一

种产业，文化资源是产品开发的基础。但文化资源转变为文化产品不是简单实现的，必须按照步骤，有序地、合理地开发。在开发过程中不仅要重视保存原有的文化特色，还要加入现代化的技术手段。这样，文化产品既能引起消费者的兴趣，又能原汁原味地保存文化资源的特色。在文化产品的形成过程中，注意找准创意点，在内容、体制方面做到创新，不是文化资源的简单转化。在文化产品的转化过程中，要加强文化内涵的体现，这是实现文化资源资本化积累的最重要途径。文化资源经过创意的深层发展，可以创造出非常多的新产品，获得新的商业利益。因此，一个国家、一个民族文化竞争力的象征就是其文化产品包含了多少创意性。没有创意的文化产品，在市场竞争中，短期内可能获得利益，但是在长期市场中，终究会被淘汰出局。

　　文化资源的开发要在可行范围内进行。这就要求文化资源在开发过程中，必须充分认识现有的资源基础和可以利用的技术手段，做到合理开发，不做盲目开发。这样开发出来的文化产品才能在合理范围内实现市场价值。文化资源的开发还要遵循整体优化原则。文化资源是离不开地区的经济发展和历史文化环境的，因此在开发过程中必须和当地的政治、经济、科技特征形成一体化协调开发，使文化产品呈现出的特征能代表当地的特色。同时，在开发过程中要注重规划，系统化开发，开发并不是把文化资源进行简单的组合和拼凑。在开发中要注重文化资源的可持续发展和文化资源的传承性。在文化产业中实现文化资源的发展和永续利用，保证不能盲目开发，不能只看重短期利益，导致文化资源不能发挥最大价值。

　　那么，在理解了文化资源转化原则的基础上，文化资源产业化可选择的策略和路径应该是什么呢？

　　首先，充分重视文化政策的引导和规范作用。文化产业的发展需要文化政策保驾护航。各类相关的产业政策需建立健全，以保障文化产业在组织、投资、税收和资源保护等方面的发展都做到有政策可寻，依照政策办事。建立健全文化产业政策能为文化产业发展创造软环境。在体制方面，也要拓宽文化产业的体制轨道，使文化产业向着广泛、宽阔的渠道发展。在文化产业市场中，单纯依靠政府很难满足文化市场的需求，因此要充分重视市场机制的作用。在政府的监管下，依照市场机制，遵循产业政策，才能保障文化产业向着良性化发展。

当前的文化产业管理中，存在的主要问题是以前的地方行政化管理手段仍然存在。地方行政化的管理模式使各个文化发展出现了各自为政的局面，不能实现协调化发展。因此，在文化产业的发展过程中，要相互补充、相互协调，形成和谐发展的产业化机制。同时，要鼓励文化产业的中介部门发挥作用，协调和平衡各部门在文化产业中的发展。

同时，要注重文化产业集群式发展。在文化产业的发展中重视规模化和产业链发展，这是由文化产业自身的特性决定的。文化产业基于文化资源，它的发展与其他产业密不可分，文化产业是物质化生产发达的产物。文化产业的发展需要建立空间区域内相互联系又相互补充的文化链条，这类文化产业的集聚式发展就称之为文化集聚。文化集聚可以在空间范围实现各种文化产品的相互补充和一体化发展，有利于促进区域经济的发展。因此，文化产业集聚和其他产业集聚相同，能产生产业集聚化效应。区域在发展文化产业时，注重相关文化产业的空间联系，形成文化产业集聚效应，对促进地区的文化发展，开发新的文化产品，最终促进区域经济发展具有重要作用。

文化产业的集群需要具备一些必要条件。第一，文化产业发展对空间有要求，产生集聚的空间必须是文化资源丰裕的区位，这是能形成集聚的基础。第二，文化产业集聚需要针对当地的文化资源因地制宜，发挥文化优势和文化特色，形成特色集聚，避免重复建设和重复集聚。第三，在文化产业集聚的过程中，应重视政府的政策指引和行为规范作用。第四，文化产业的集聚归根结底是市场化运作的结果，文化产品在发展过程中，在市场机制的趋势下形成集聚效应。

此外，在文化产业的发展过程中，应重视现代技术的作用。传统文化在保持原有文化底蕴的同时，加入现代技术因素，能更好地吸引消费者。我国当前文化产业发展中存在的问题是现代化技术的应用还不广泛、不深入。这需要从以下方面进行改进：第一，文化产业的发展和产业升级，需要利用科技带动文化产业的快速升级和创新发展。第二，文化产业的发展需要高科技人才，高科技人才能更好理解和承载文化的深层含义，创造出的文化产品才能把文化底蕴传承下去，实现长远发展。

在文化产业发展中不断融合发展，创造出了许多新的业态形式。新业态形式的出现丰富了文化产业的形式和内涵。信息技术的发展、数字技术的加入，促使文化产业表现出多姿多彩的形式。文化产品更吸引消费者的眼球，文化的传播路径更加新颖，更喜闻乐见。第一，文化产业传播过程中采用了高科技手段，利用数字化的传播方式，提升了文化产业的技术水平。第二，数字化的新颖传播方式，使文化产品在更广的范围得到传播，促使许多新的数字化文化业态出现。新兴技术形式的文化产品代表了文化产业的新的发展水平，市场潜力巨大。因此，各区域在发展文化产业过程中注重新技术的引进和运用，在文化中融入科技，形成新的竞争力。与传统的一些文化产品相比，新技术文化产品是近几年出现的新的业态形式，在发展方面更具潜力，逐步被广大消费者认可。在消费市场的需求引领下，创造出了不同的科技文化形式。要鼓励相关的文化产业从业者注重科技的影响，在市场导向下，发展创新型文化产品，提升我国文化产品的品位和层次，促进文化产业升级转型，加大高新技术文化产品的生产。

第二节　创意思维与文创产业原动力

一个国家和民族文化的繁荣发展，需要人民在传统文化的基础上进行传承和创新，不断提高文化产品的质量，不断促进文化产业结构调整优化。在文化产品方面，要大力发展有特色的文化产品，注重文化产品的创新力，并形成品牌意识，树立一批知名的文化产品，形成品牌效应。那么，在发展过程中，如何发挥创意思维在文化产品中的作用，如何带动文化产业中人才的积极性和创造力，成了重要议题。因此，需要从文化产业的核心入手，把握发展方向，促进文化产业的深化发展。

一、创意思维的内在构成

创意在文化产品中的重要性和作用已经被社会各界所认知，并给予了关注。但是在运用过程中，如何将创意应用到实践性产品中，成了限制文化产品的桎梏。这主要是由于个人知识水平或文化积累限制，不能达到创意的层次。第一步需要人们思考清楚，什么样的想法是创意，是不是具有市场潜力，是不是能获得好的市场效应。总体来看，一个好的创意，是贴合时代特征的，满足人们文化需求的，适应潮流的。因此，将创意应用到物质产品时，要注重文化和经济的结合、传统与现代的结合。在满足创意的各种作用因素下，一个包含创意的新产品才能呈现出价值。

国家也非常重视创意在文化产品中的作用，发布了一系列政策保障创意性产品和其他产业的融合发展。例如，国家统计局发布的《文化及相关产业分类》就把创意在工业中的应用加入其中，推动文化产业和工业的融合。各级政府也采取了形式多样的活动，从需求角度提高消费者的文化产品消费能力和水平，如举办创意性质比赛等。中国文化产业竞争力的提升不仅要注重在本国范围内的发展，更要提升交际竞争力，将民族的文化产品推向世界。但是从目前的情况分析，世界市场中来自中国的有竞争力的文化产品多基于一些视觉设计领域，鲜见实体性工业产品设计。这表明我国文化产品设计的实践应用性和其他先进国家还存在差距。从中国各区域主导的一些创意比赛中，也可以发现中国创意文化产品中存在诸多问题。例如，平面设计强、产品设计弱；模仿、浅层次设计居多，原创性、颠覆性设计少；题材和主题重复性大、多样性不足等。从理论角度出发，这些问题根源于对文化内涵的认知深度不够，创意仅仅停留在表面，没能深入并融汇到产品设计中，实践中的产品应用不能融合文化因素。我们所知的文化因素只体现在表面。因此，我国的创意产品之路还需要漫长的发展过程。

那什么样的作品算是一个好的创意、好的设计？关于这个问题的答案我们可以从日本文具设计师伊藤胜太郎那里找到答案。他创立了"伊东屋"品牌，这是一个很好的代表。在伊藤胜太郎的设计概念中，首先文具作为一种学习用品，必须便于在学习中使用。其次，为了引起学习兴趣给予了美观的设计，这些设计的研究是含有时代气息的，并且不会因为时间的改变而变得不再流行。第三层含义是最重要的，设计的产品到达消费者手中后，能激发消费者的学习兴趣和使用灵感，对消费者的学习和生活产生激励作用。当然，一项产品要包含上述三项功能是非常困难的，这样的产品才是有特质的，能形成广泛的市场影响力，形成品牌效应。这个案例表明，一项创意从产生到应用到产品上，再到产生良好的品牌效应是一个复杂的反映过程。创意的过程是复杂的，需要多种因素的配合，需要将创意应用到产品中，还需要消费者感受的配合。供应者和消费者都是提升文化产品质量的重要主体。

一个优秀的文化产品必定蕴含独特的文化创意，这种独特的创意赋予了产品特有的竞争力，使企业在文化市场上占据优势地位。但是，在实践过程中，独特的创意并不是轻而易举的事情，这需要多种因素共同作用，且存在复杂的作用机理。创意也不是简单的一个想法，而是需要一系列的后续工作，将思维付诸实践。完整的创意思维需要引入实践性内涵，在此前提下，创意思维包括创意、创想、创境这三个构成要素与演绎过程。将思维运用到实践过程中，需要复杂的过程。一个原创性观点的实现需要环境的支持。例如，将历史性符号或者故事的思想融入现代产品中，形成富有文化内涵的产品，这就是一种创新产品。或者是运用传统的文化意境演绎现代产品定位，体现独特的产品设计理念，这也是一种创意的实现。创意不仅仅是思想上的体现，关键是运用到现实生活中，提升生活中的文化品质。从世界各著名品牌分析，各品牌都蕴含丰富的文化内涵，都是创意的体现。

在供给侧改革方面，文化产业亟须提高文化产品的质量和内涵，打造知名文化品牌，形成品牌效应，创造一批有原创力的产品，提高市场供给的质量。而生产高质量、高标准的文化产品需要高素质的劳动力，需要有深刻理解文化内涵的人才。目前市场上，有很多快速模仿产生的文化产品，但这样的产品只能创造短期利益，并不能产生长久的竞争力。因此，在激烈竞争的文化市场上，我们要打造原创的、特色的文化产品，需要培养高素质的文化创意人才。在消费市场中，普遍提高消费的文化鉴赏品位，形成消费和供应的共同提高，这既有助于实现供给侧改革的目标，也是新旧动能转换的重要目标。

二、创意思维养成的逻辑理路

创意思维是形成创意产品的核心要素，创意思维的形成过程是个复杂的过程，包含了多个方面的内容。形成过程中不仅需要创造出符合精神需求的思维，更重要的是将这种思维运用到产品中，在实践中实现价值创造。因此，创意思维包含了精神和物质两个层面的内容，只有将这两个层面结合起来，才能实现一个创意产品。创意产品的形成是复杂的，包含了丰富的内在理论和实践逻辑。分析过程中，理论和实践缺一不可。

创意思维不是天马行空的，而是根据社会发展现实和需要而产生的，必须与社会需求紧密相连，在创意思维实施与产品生产之前的精神形式必须是社会需求的反映。因此，创意思维的分析研究，不能仅仅停留在精神世界，必须与当前的社会现实联系起来，能应用于现实发展的才是适应社会需求的创意思维。文化产品中的创意设计不仅要适应社会经济的发展，也要展现一个社会、一个时代的精神丰采和文化需求。因此，好的创意产品要包含丰富的文化气息和时代特点。在各个阶段的发展中，要运用科学的思维方式进行转化，才能将创意思维合理、有效地应用于创意产品。相关的展开思路主要表现为以下三种形式。

（一）处理好传承与创新的关系

传承与创新之间的关系在不同的时代演绎出不同的关系，因此其关系要从时代特点出发去分析和研究。两者的关系在分析时要厘清里面本质的、不变的内容和伴随时代变迁的内容。一个国家的精神文明的发展离不开对传统文化的继承和发展。优秀文化的传承就是要提炼出反映民族特点的优秀传统文化，保持好文化传统，使本质内容一代代地发扬下去。这样才能在精神文明的历史长河中继续发展。这些精神文明的发展要贴紧时代潮流，符合社会发展特征，适应不断进步的社会要求。根据新时代中国经济的发展要求，设计出符合要求的创意产品，解决中国目前文化产业存在的问题，促使文化产业在优化中不断成长。在这一过程中，要理性处理传承和创新的关系，它们之间不是相互矛盾的，而是要做到相互补充，相互促进。要做到最优秀传统文化的传承和发扬，对具有消极影响的思想要摒弃，做到取其精华，去其糟粕。与此同时，在传统文化基础上加入新的创新思维，创造出新的文化产品形式。

如果一味地只是对传统文化进行学习和保留，不能加入现在社会发展元素，就无法实现文化产业的升级发展，只能是传统形式的再现。传统文化的留存和发展是依赖于特定的历史文化背景的，当这些特定的历史背景不存在时，这些文化产品就面临两种情况。第一种情况是，有价值的文化产品被后人以展品和展览的形式留存起来，比如，保存于博物馆供人参观。第二种情况是，那些可以加以现代元素进行重新提升打造的文化被改良，形成现代市场能接受的文化表现形式，形成了蕴含文化内涵的现代化创意产品。第二种才是文化传承发展的重要方面，我们不仅要学习和了解传统文化，更要融入血脉，在改良中不断发展，演绎成一代代的文化产品。当传承文化成为一种时代特征和国家的发展道路时，要妥善处理好传承和创新的关系。传承并不是模仿和复制，好的传承是加以创新内容的传承，要在不脱离本质的前提下，加入创意思维。

（二）处理好原点与支点的关系

在创意设计过程中需要的重要原材料便是历史的文化积淀。将这些传统文化加以现代思维创新。还有一个重要的创新点就是人类内心的追求，这是创新的出发点。一个能震撼人类内心的创意设计一定是从内心世界出发的。原研哉曾言："将我们已然熟知、习以为常的事物，以一种'初视之眼'去重新感受的能力，也就是以一种率直的心态去重新捕捉事物的本质，乃是设计的第一步。"他所说的"初视之眼"，就是指人类进行创意思维时要追寻内心的思想世界。纵观历史，人类发展过程中的需求一直围绕在生存和发展的需求上，这些需要随着经济发展程度的改变，逐步地由物质需求发展到精神需求。但每个发展时期的这些需求内容存在很大差异，所以满足每个时代需求的文化产品形式都存在差异。创意设计的主要任务是结合时代特征，从文化视角出发，运用合理的方法去满足现代社会的精神需求。因此，在创意设计的发展过程中，要回到文化设计的出发点，以理性、科学的方式去审视应该怎样形成适合人类需求的创意产品，进而那些不符合长期发展的文化产品逐步被淘汰出市场。这种回到最初的思维方式，就是以现代人类需要的角度去衡量哪些创意产品是适合人类精神需求的，哪些是基于短期利益的缺乏深远影响的产品，逐步地甄别文化产品的品质，最终设计出适合人类发展和时代需求的创意发展途径。这是因为，创意产品的出发点要适应人类发展的需求，要符合时代要求。只有处理好如何回到最初的出发点去审视创意的实质，才能形成创意的全新认知。在处理创意思维理论和时间的关系时，要注重结合发展，以理论促实践，以实践发展理论。

（三）处理好眼前与长远的关系

创意设计水平的提高，需要从供给和需求两个方面入手。在供给方面，创意需要提供具有创意思维的人才，同时还需要培养创意人才的教育体系和创新环境。在需求方面，需要有创意产品的消费市场，要提高消费者的创意消费需求和消费品质。但这样的供给和需求市场需要较长时间去培养。市场对高端创意产品的需求，促使很多供给者为追求短期效益，抢占市场，设计和生产出了适应当前潮流的创意产品，这类产品缺乏文化思维内涵，只能得到短期收益，但是这种创意行为伤害了创意市场的市场机制，不利于形成健康的创意发展模式。一个优秀的创意产品必定是包含了浓厚的传统文化气息并结合了现代信息特征的，这样才能形成深厚的文化影响和品牌价值。因此，在创意产品的形成过程中没有捷径可走，只有坚持文化传承和创新创意理念，才能形成优秀的创意产品。

庄子说："无用之用，方为大用。"如果创意设计仅仅为了获得短期利润，而不顾长远发展，那会导致现有创意产品缺乏新意，复制抄袭之风盛行。因此，要创造出优秀的创意产品，要注重传统文化的传承，同时要注重内心文化的积淀，这样才能创造出融入了新意和深厚文化内涵的产品。也只有这样才能避免盲目追求短期利润，生产急于求成，使创意产品没有灵魂，只是表面添加了创意的符号。只有潜心创意，才能创造出真正具有创造力的创意产品，占据文化市场的优势地位，在竞争中取得长期利润。

三、创意产业的特征

创意产业作为新兴产业只有通过比较其与传统产业的差异，才能得到创意产业特征最准确的答案。

第一，从产品的生产目的来看，传统产业中，为降低生产成本，产品以规模化和标准化进行生产；而创意产业中的产品是代表独特思想的，每一个产品都具备自己的特征。

例如，传统产业的汽车生产，其零部件的生产过程都是标准化的，以实现大规模生产。只有这样才能最大限度降低生产成本，在激烈的市场竞争中占据价格优势，具有强劲的市场竞争力。标准化生产能保证每一个产品具备相同的特征，可以在生产过程中被按照严格的标准生产出来。这种标准化的产品可以更好地适应市场需求，更能降低检验成本。标准化的生产流程中更多地用到了机械化生产，成本得到了降低。因此，传统产业的竞争过程中，通常会根据现有技术条件，利用机械化生产，大规模地实现标准化生产，以达到降低成本、增加利润的目的。

这种生产方式与创意产业截然不同。在创意产业中，产品是含有独特特征的，无法实现大规模的机械化生产，无法实现规模化和标准化。因此，创意产业的生产过程通常是手工的，每样产品都体现消费者的固定要求，定制化和创意化成为其主要生产方式。创意产业由于行业门类众多，在生产环节中表现出的生产特点多种多样。比如，在媒体行业中，以音像制品等为代表的产品是规模化生产的。但是这种规模化和工业化生产过程中的规模化有着巨大差异。

第二，从产品生产过程中的组织结构出发，传统产业中的组织结构通常是一种比较固定的模式。而创意产业中的组织结构是依据设计特点存在的，通常是较松散的，根据不同的设计要求而存在。

比如，在传统的生产企业中，往往由厂房、仓库、机械设备等展开组织结构，企业需要大量的熟练劳动力，在不同的生产部门产生了不同等级的组织结构。这些组织结构通常层级鲜明，每一结构中有明确的生产目标。创意产业中不存在生产类企业的这种生产组织结构，甚至是与生产性组织结构完全不同。例如，在影视剧拍摄过程中，通常是以选择合适的演职人员组成的组织结构。这种组织结构不具备长期性，等项目结束，组织结构也不存在了，不是一种长期组织关系。

第三，从商品满足消费者需求角度来看，传统的产品通常是满足消费者的基本生活需求为目的的，是生活中必不可少的产品。而创意产业是满足消费者精神需求的，有时也兼顾和附加一定的生活需求，它是在一定的物质满足基础上产生的。这是传统产业与创意产业最根本的不同之处。

按照经济理论，当消费者的物质生活水平比较低时，人们总是倾向消费传统产业的物质的产品。但当人们的物质生活水平提高后，人们的消费需求开始向精神层面转移。企业已经发现并去适应消费者需求的改变，尝试在物质产品中加入精神需求的内涵，以满足物质生活极大满足的消费者。比如，一些具有较大品牌价值的产品，如耐克等国际品牌，其产品的创意内涵早已大于其物质内涵，在满足人们物质需求的同时，更大程度地满足了人们的精神需求。

和传统产业最大的不同在于，创意产品的根本目的就是满足消费者的基本需求。消费者对于物质的需求基本包括吃、穿、住、用、行等方面，没有较大差异。但消费者在精神层次的需求却各不相同。以文学为例，消费者对于文学的消费偏好就存在很大差异，不同的题材和表现形式吸引了不同的消费者。因此，创意产品的供应者更注重分类化的差异需求。因此，这类创意产品通常被称为作品。

第四，从商品价值的变化形式出发，传统的产品是以物质形式表现出来的，是从资本投入到物质生产，物质从一种形态转变成另一种形态。物质产品伴随消费者的使用逐渐发挥其使用价值，而价值在不断地减少。创意产业是另一种转化形式，将精神融入产品中，比如，将创意加入服装生产，使服装不仅具有了保暖的功效，更是一种文化思想的象征。创意产业的发展依赖于文化的投入，使创意转化为产品。

第五，从产品的形态角度来看，传统产业生产的产品通常是以物质状态呈现给消费者的，消费者花费金钱购买物质产品，以丰富和便利生活需求。但创意产业不同，消费者在购买创意产品时不仅要花费金钱，还要花费时间。比如，音乐、电影等产品，需要花费时间才能消费它。因此，物质产品的购买是为了便利生活，获得物质享受，创意产品是购买产品丰富内心精神世界，促进精神效应层面效用的增加。

四、路径选择：从创意思维到原动力

黄庭坚曾言："随人作计终后人，自成一家始逼真。"这句话的意思也表明在文化产业的发展过程中，要以原创为根本，才能促进文化产品的创意性发展，保持发展动力。这也是引领文化产业持续健康发展的路径。因此，在新的时代背景下，要紧跟时代发展要求，实现文化产业的多样化发展，并在发展中提升质量，实现优化升级。创意是文化产业发展的根本动力，因此发展文化产业要以抓住培养创意人才这个发展重点，重视人才培养体系的构建和发展，并且注重形成创意人才进行创作的良好空间，保障创意性人才的培养环节，实现文化产业的创意性发展，这样才能实现文化产业的良好动力机制。

创意思维不是简单的一种思维，而是在文化产品的创造过程中综合运用的多种思维方式的集合。一个文化产品的创意过程是非常复杂的，从产生概念到付诸实践需要许多环节的配合。这需要发散思维、形象思维、逻辑思维等多方面的综合利用。既然创意思维的运用是复杂的，那么学者们在进行创意思维时也经历了多个阶段的准备和应用。主要包含了三个步骤：创意、创想、创境。也有部分学者从技术和微观角度对创意思维进行了分析。在这部分中，我们主要对创意思维形成的一般规律进行研究。

一个人创意思维的形成受多种因素的影响，主要包括天生的禀赋和后天的培养。从先天角度讲，创意性思维受大脑的生理结构影响，这是人为无法加以影响和控制的，因此只能从后天培养角度着力培养。采取合适的教育方法、创造良好的创意环境等都可以对一个人的后天创意思维有帮助。拥有创意思维的人才通常具有敏锐的思维模式、丰富的创想能力及独特的思维模式，如果加之适当的培养模式和培养方法，必定能更深层次地发挥其创意才能。创意人才的培养应该以每人的创意兴趣和特点为基础，围绕其兴趣进行开发，这样才能培养出最大限度发挥其才能的创意性人才，也有利于形成多姿多彩的文化产业人才类型。对创意人才培养来讲，视野是创意思维的基础，开阔的视野能给创意思维带来丰富的思维源泉，其创造出来的产品才能包含丰富的想象力，这样才能吸引消费者。想象力是创造之源，缺乏想象力是不可能创造出有创意的产品的。因此，文化产业在新时代的要求就是培养出符合时代思想特征的人才。创意型人才往往对生活中的事物保持着敏锐的洞察力和无限的想象力，从不同的视角去审视事物的发展，并结合自己的思维模式加以创造。因此，保持良好的观察力和敏锐的感知力是对创意型人才的要求。当然，我们也要从社会环境角度保护这类人才的创意性思维。

一个国家想要实现文化产业的高水平、高质量发展，必定不能离开高素质的文化创意人才。人才是产业发展的根本。创意思维型人才是文化产业发展的根本，在培养和积累人才的过程中可能会影响产业的发展速度，但这是文化产业长远发展必须迈出的一步。新常态下的新动能应该是具有衡量创意能力大小的，而不是看发展速度的。从另一个角度思考，没有创意思维人才的产业发展速度只能实现短期的增长，无法实现长期快速增长。只有保持原创性的作品设计才能创造出有吸引力的作品，才能实现避免重复设计的误区，实现长远发展。

文化产品中包含了设计师的文化内涵和文化价值，因此只有设计师具有深厚的文化底蕴和有创意的设计思维，才能将这些文化内涵运用到产品中，体现出产品的文化价值，形成产品品牌价值。在创意性思维的创造中，最好的思维方式是创造出体现原创的、具有人文情怀的、脱离了功利性思想的产品。这类产品才能深入人心，在获取经济利益的同时，传播了文化，提升了消费者的文化品位。

拥有古老文化的中国蕴含着丰富的文化资源，这些文化资源的利用和传承需要现代人更大的努力。有句话说："传统并不是崇拜灰烬，而是要让火苗继续燃烧。"这表明，优秀的传统文化资源不会自然而然地出现在现代的文化产品中，而是需要我们结合现代社会的时代特征，去传承和利用，将传统文化融于现代文化产品中，去发掘传统文化的亮点，应用于现代文化市场。对传统文化的传承需要人们文化素养的提升，去感悟认识文化资源的起源、发展及现代的演化。将文化资源理解透彻才能实现应用，想要真正实现文化资源的最佳应用还必须了解文化资源的本质和发展规律，摸清发展脉络，厘清能加以利用的部分，巧妙地将创意思维应用到现代文化产品中。中国目前的文化产品已经具有自己的模式，在传承中华民族文化传统的基础上，不再是模仿西方文化，而是原创性地实现了中国创造，将中国优秀的传统文化融入了文化产品舞台，并将产品推向了世界文化舞台。

第三节　文创产业与城市发展的构建

近年来，全球化经济迅速发展，各国的产业结构开始面临结构调整，城市经济开始不断优化。在这一经济背景下，文化产业成了新兴产业，甚至成了一些国家的重要战略性产业。文化产业中不仅有传统文化还有现代科技的助力，不仅能代表一个区域的地域特征，还能突出一个城市的风土人情。因此，文化产品品牌已经发展成能代表一个城市的核心竞争力。这必然也涉及文化生态的概念，它是文化在发展过程中与环境的相互依赖、相互关联影响的关系。现代社会的发展过程中，文化扮演了越来越重要的角色。文化不仅要实现经济效益，还要实现社会效益。在经济效益方面，文化产品要适应市场需求，创造价值。在社会价值方面，文化要实现和社会环境的良性互动关系，促进城市文化环境的健康发展。这样才能实现文化环境影响，约束人们的行为，实现良性健康发展。

一、文脉接续

依据我国文化产业的发展现状分析，文化产业的发展受城市经济发展水平的影响，经济发展水平越高的地区，文化产业的发展状态就越好。此外，一个城市的文化根基是文化产业发展潜力的重要约束，文化根基深厚的城市文化才能发展出竞争力强劲的文化产业。我国目前很多区域都有了文化产业的发展规划，并进行了文化创意园的实践。显然文化产业的发展受到了区域经济发展水平不均衡的影响。但是发达地区对文化产业发展的热潮虽然促进了经济发展，但有大部分是表层的文化产品，缺乏实质性文化贡献，不能实现长远发展，只能是昙花一现、盲目跟风。区域的文化产业发展效果不理想的原因是复杂的、多方面的。根本原因可能是地方政府对文化产业的发展内涵认识不到位，追求短期经济利益。这一政策导向促使很多文化产业商家盲目跟风，加入一些快速短期的文化产品充斥市场，形成短期繁荣。但最终导致地方文化产业畸形发展。

第一，文化脉络的发展具有活态性，这能为文化产业的发展带来新鲜的元素，不断进行补充。这种活态性发展表现为两个方面。一是，城市中文化产业始终都是在传承中发展的，只是复制和学习的文化很难获得竞争力，因此能在城市市场存在的文化产业一定是注入了新鲜发展因素的。二是，城市文化和居民的生活是密切相关的，居民既是文化产品的生产者又是消费者，脱离了居民生活的文化创作方式也不能占据消费市场，因此城市文化就是在贴紧生活中不断更新和发展的。

第二，文脉资源还能促进文化产业实现集群式发展。当然，这种文化集群式发展与区域经济的发展程度密不可分。目前，国内文化产业集群的分布都是经济较发达地区，例如，长三角、珠三角和环渤海地区。除了这些经济发达地区，一些经济和文化资源都较为丰富的中小城市也开始出现了一定程度的文化集群现象。原因可能基于以下两方面：一是，由于文化市场发展的规模需要和信息的传播速度加快，文化集群的产业发展模式得到传播；二是，文化产业的发展离不开对传统文化产业的开发和发展。以景德镇为例，虽地处中部省份，经济发达程度不如东部发达地区，但却是历代的"瓷都"，陶瓷艺术是城市文脉的核心要素。近年来，景德镇凭借丰裕的文化禀赋和相关的产品开发，形成了许多围绕陶瓷发展的文化创意产品，从创意设计到实践应用，陶瓷概念已经运用到了各种产品类型，从物质产品到非物质产品，陶瓷已经深深地根植于这一地区的文中。这种以文化资源作为驱动力，带动物质产业发展的产业集群形式，是以文化创意产业带动地方经济快速发展的一个很好案例。

第三，人才辈出的文创人才培养模式为文创产业发展提供了力量和新鲜血液。文创产业的根本是好的创意，好的创意来自高素质的创意人才。因此，哪里拥有创意人才，哪里才能发展好创意产业。目前，我国的文创人才由两类组成，一是通过本土化的培养和传承，二是通过引进相关的创意人才。目前，在我国现有的教育体系下，创意人才的培养模式并不健全，创意人才的数量和质量与发达国家相比都存在很大差距。另外，创意人才的流动机制也不灵活，创意人才的流动受特定地区文化特征的影响。从相关城市的发展可以发现，城市良好的文化生态可以为文创人员提供好的培养系统。以苏州的文创人才培养模式为例，传统的手工艺文化气息浓厚，工艺人从小受这样文化生态的影响，对手工艺有浓厚的兴趣，加上当地的一些类似培训学校和个体培训的情况众多，这样的人才培养模式也影响到了周边城市的文创人才培养，具有良好效果。从另一方面来看，对文创人员来说，一个良好的文创环境对他们有很大的吸引力，能形成人才集聚效应。因此，在一个城市的文化生态和经济环境都兼具的情况下，文化产业才能实现更好的发展。

第四，文化创意产业对文脉传承有显著的积极效应。文化创新是文脉传承的重要内容和核心思想。文创产业是在现代技术条件下，对传统文化进行的改造和传承，里面包含了众多的创新和发展。文创产业不仅是一个城市文化发展的重要产业，更是促进城市文化创新的重要载体。从体制创新角度讲，文创产业的发展带来城市文化环境的改善，并创造出良好的文化市场秩序，为政府的文化产业政策和各类措施的出台提供了实践和检验。文创产业还能吸引广大人民群众参与进来，共同为文化创意出谋划策，不仅增加了文创产品的创意性，也激发了人们对文创产品的参与度，增加了城市人民群众的文化基础，为全城文化发展提供了文化基础和群众基础。

二、文化认同

文化认同是指人与人之间或者是群体之间存在着共同的文化认知。在历史社会中，由于信息的不发达和交通工具的落后，人们的活动范围很狭窄，因此文化的传播范围较小，很容易形成一定范围内的文化认同。伴随现代科技的发展，现代社会文化的传播速度和范围都产生了巨大的改变，文化传播使不同地区认识到了不同的文化，当然不同的文化之间存在冲突和融合。在一个城市的文化发展过程中，应充分认识到文化认同的作用，对文化认同加以理解和应用，对文化冲突也要加以识别和科学对待。因此，文创产业的发展中，离不开对文化认同的不断发展和认知，是一个由认知到加以利用的过程。

文化认同是基于文化的相互关系中的一种认同，因此关系的存在是其发展的基础。文创产业是基于相互认同的文化生产者之间发展起来的，是认同者和被认同者在发展过程中相互影响的结果。这种影响发生在双方的文化产品上，由于文化产品表达了不同文化个体间的态度。文创产品的生产者利用自己的文创产品承载自己想要表达的文化内涵和价值观，消费者对文创产品的消费就表明了这种思想的认同。反过来，消费者对文创产品的反馈也反映了消费者对产品的需求。这种认同关系都是基于个体的自我感受，受个体文化背景和受教育程度的影响，所以在文创产品的认同过程中，要注重自身价值的体现，保持自己的独特思想。在市场经济中，那些独具特色的文创产品正是占据市场优势地位的产品。广大消费者对文创产品的消费是消费者根据自身情况进行的一种价值选择，这种消费体现了消费者的身份认知，是一种趋向于自我文化的认同。

文化的认同，是对消费者的社会认知和文化认知的体现。社会和文化的价值度会随着时间而产生改变，因此文化的认同也是一个发展变化的过程。变化的特点表明文创产品的多向选择特点，因此文创产品具备了多种多样的发展趋势，并向着多样性扩张。这种文创产业的发展趋势在不同区域范围内产生，在国家范围乃至全球范围内都发生着这样的变化。在文创产业的全球化发展过程中，文化认同和文化冲突同时存在着。文创产业就是在认同和冲突中不断前行的。文化冲突可能在发展中，形成一部分消费者的认同，获取更多的消费者。另外，文化认同也会对本地区范围内文化创意的发展起促进作用。比如，在韩国，其文创产品深受欧美文化的影响，但是韩国的文化认同感较强，消费者强烈的文化认同对本地的文创产业起到了保护和发展作用。韩国凭借本土的文化认同形成了一定规模的文化输出，对周围国家的文创产业造成了较大影响。这样的发展趋势也促使了韩国"文化立国"方略的提出。韩国实现了文化产业的发展壮大，文化的输出起到了很大的作用。

"跨文化认同"是来自世界各地的文化形成交融，并不断迸发出新的文化形式。这种文化的形成受全球化经济的影响。跨文化产品的产生使世界各国的文化传播成为可能，文化的交融更加深入，文创产品成为一种世界性的产品，又有各国的特色。世界共同感知的内涵，是文创产品发展的一个较高境界。文创产业在世界范围内的发展也是不均衡的，由于文化的传播深受经济实力的影响，因此世界大国存在文化的输出和文化产品的强烈影响。作为发展中国家的中国，在既保持自身文创产业发展的同时，又要吸收来自国外文化产品的优秀部分，并加以利用。在发展中一定要保持文化产品的民族特色，不能丧失了自主的文化特征，保持中华民族优秀传统文化的传承性。这种措施也是为了保持国家文化的多样性和文化的传承性。

三、文化多样性

文化发展的多样性受到双重影响，一方面，地方文化的特点使不同地域的文化具备不同的发展特征；另一方面受到经济全球化的影响，全球文化开始出现趋同发展趋势。在文化产业中，文化资本成了主导力量。文化产业需要面对多样性文化的冲击，文化和环境的关系也呈现出多样性，因此分析文化和环境的关系，是分析城市文化生态环境的必经之路。

多样性的文化是实现文化产业发展呈现多彩特征的基础，文化产业的多样性发展离不开文化资源的积累。文化多样性的表现是多种多样的，涉及语言、思想、宗教等方面的学习和传承，更体现在对这些方面的市场转化，把文化转化为现实产品，实现经济利益和社会效益。文化产业以文化为传播形式，并且受不同地区文化特点的影响表现出显著的文化地区特征。目前，我国的文化产业发展中呈现出结构不均衡发展态势，受高科技影响文化产业发展迅速，年均增产速度较快。而传统的艺术行业，因为经济收益不高，发展速度缓慢，很难开发出适应现代发展的文化产品。除了文化产业发展呈现出地区差异之外，文化产品的发展也在城镇化发展影响下，在文化产品的创造上缺乏新意，不同地方的文化产品出现趋同现象，一方面使消费者对文化产品失去兴趣；另一方面导致文化产品被模仿的现象越来越普遍。

从资本的逻辑层面来看，虽然现代化的技术手段对文创产业产生了促进作用，比如，数字化技术、信息技术手段的发展，促进了文化的传播和多样性发展。但同时也带来了一些影响。文化产品更容易被模仿和复制，这也导致了文化产品容易产生同质化发展趋势。第一，文化产品的生产和传播是由国家的经济发展水平决定的，一种优秀的文化传播是以国家经济实力作为后盾。因此，文创产品在全球的生产和分布并不是均等的，西方发达国家在文化产品的传播上具有强大的优势。通过强劲的经济手段和文化传播手段，发达国家的文创产品很快占据了全球市场的优势地位，很多经济不发达国家的文创产品被挤占，在市场上处于劣势地位，甚至退出文化市场。因此，经济的全球化带动了文化的全球化发展，但是资本实力是文创产品的基础，资本的冲击使文化产品的发展遭受了巨大的危机。

第二，文化产品生产过程中存在的标准化流程，也抑制了多样化发展。文创产品一旦要进行生产并推向市场，必定要实现一定的生产规模，因此在生产过程中必定少不了标准化的流程，这种标准化生产一定程度上限制了文化产品的多样性。并且在经济利益的诱惑下许多地方特色的产品不断地被标准化改进，地方特色正在消失。因此，不能实现长远的利益化，想要实现文创产品的长久发展，还是要有原创性的作品，不能依靠模仿和复制。

从文化逻辑的相关理论层面来看，全球化的文创产业里蕴含着关于文化中心主义的观点。从文创产品市场来看，西方发达国家凭借雄厚的经济实力，将自己的文化产品标榜为高质量文化产品的代表，并推行出一套向其文化标准看齐的思想，促使全球化文化市场充斥着以西方文化产品为中心的发展趋势。当前中国的传统文化就受到西方文化的冲击，很多优秀的传统文化被年轻人淡忘，西方的产品开始成为追捧的潮流。因此，在文化产业发展过程中，要坚守民族文化传统，立足自身，发扬和创新传统文化，树立起自己的民族品牌。

四、文化生活

人类社会发展首先要满足基本生理的物质需求，当物质生活得到满足后，精神需求便成了充实内心的需求被体现出来。伴随现代社会经济的发展，文创产业越来越重要。伴随人们对文化产品的需求日益增加，文创产业逐步走进了人们的生活。人们在消费文创产品满足自身需求的同时，也反馈给了文化市场需求信息，生产者通过需求信息创造出更适合市场的产品，因此消费又带动了生产的升级。文创产品能满足人们不同层次的精神需求，不同水平的文化需求使文化市场的多样性进一步发展。消费者对文化产品的消费状态和消费结构显示了国家的经济发展水平和居民的生活状态。初级发展水平国家的居民，其文化消费层次往往处于低级水平。以娱乐和消遣为主要目的的消费只能满足居民的短暂的精神需求，不能形成精神文化层次的提高，不能在心灵深处提升精神境界。只有高层次的文化消费能提升人的精神境界，体现精神世界和经济世界的协同发展，找到精神和经济的平衡点。高层次的文化创新是一种社会地位的体现，同样也能形成人与人交流的一种群体效应。文化实力比经济实力更能彰显一个人的情怀和内涵。因此，文化消费更是一个个体融入一定社会层次的自我价值修炼。人们需要在物质生活不断丰富的今天，实现经济价值和文化价值的双重发展。

传统文化的发展和经济发展密不可分。在工业化时期以前，传统的文化仅仅局限在一定的范围，内容也十分狭窄。但在工业化之后，全球经济实现了快速发展，人们的物质生活得到了迅速提升，为文化的传播和发展提供了空间和潜力。具体体现在以下几个方面：第一，文化生活的形式呈现出多样化趋势。生活中的文化需求呈现出多样性，伴随多样化的精神需求被满足的同时，文化产业蓬勃发展，并在经济实力层面将文化消费实现了分层。第二，城市的文化生活发挥了引领作用。相对于乡村，城市的经济发展水平更高，精神文化的需求更迫切。因此，城市文化产业发展迅速，并不断由城市蔓延至周边乡村，带动了农村地区文化消费。第三，伴随现代科技的发展，尤其是互联网技术的发展，文创产业的形式和发展速度出现了质的飞跃。文化产业的传播速度更快，形式更加多姿多彩。第四，发达的经济水平已经带动着文化消费比例大大增加，文化消费的群体逐步形成。其消费群体主要由中产阶级组成。文化产业既要满足文化消费的需要，还应实现文化消费的引导作用。第五，文化产品中蕴含文化的消费价值理念，这已经通过文化产品传递给消费者，并对消费者的消费习惯和生活习惯产生重要影响。但是，目前文化市场中仍然存在一些对文化产品的过度开发以及为获取经济利润削弱文化价值的商业活动，这将导致文化生活品质降低。因此，在文化产业的发展过程中，要注重经济价值和文化价值的双重体现，文化价值要向着高质量方向发展。

第三章 文化创意产品的发展思路

第一节 文化创意产品设计理论

文化创意产品设计不仅包括产品的内涵、功能、材料、造型、制造工艺等，还包括相关的社会、经济以及消费者与设计者生理、心理等方面的因素。文化创意产品设计以人的需求为出发点。随着科学技术的发展，大众的审美意识和生活、文化观的变化，信息传播的方式日益丰富。文化创意产品设计承载产品的文化限定，现代的消费者也以更加包容和开放的心态看待和接纳各种文化、各种风格的文化创意产品设计。

一、现代文化创意产品发展背景

随着社会经济的发展、科技的进步，世界文化艺术交流日益频繁，人们开始追求设计的多元化发展。在设计中不仅考虑实用性，而且会从多个角度去考虑其意义和价值。为了满足当代文化创意产品设计多元化需求，可以从以下几个方面来探讨文化创意产品设计多元化实现的可能性。

（一）科学技术的进步丰富了设计的手段

现代社会正处在科学技术不断创造更新的迅猛发展时期，新技术的开发和利用以及层出不穷的新型材料让文化创意产品设计的选择范围越来越广，打破了设计的局限，提高了设计产品实现的可能性，为文化创意产品设计提供了多元化的载体，转变了生产方式和手段，推动文化创意产业的发展和繁荣。

（二）经济的发展提供了物质保障

文化创意产品设计生产、销售和市场需求与经济发展息息相关，当前全球经济与市场广泛开放、交流，形成了一个世界性的市场。作为非生活必需品，文化创意产品受到经济水平的制约，经济繁荣时期，消费者需求大；反之，则减少。经济繁荣时期，文化创意产品的需求增加，经济为文创产业的发展提供物质保障，经济也因为文创产业的发展而发展。

（三）信息的交流促进了文化交流

在信息快速交流的今天，各国文化之间的交流与融合更加密切。文化的碰撞、价值观念的差异性都给文化创意产品设计提供了不同的文化资源，信息的全球共享以及获取的便利性也为设计师设计文创产品提供了便利，同时消费者也能更多更广地了解全球的文化动向和不同地区的文化创意产品。

二、不同类型的文化创意产品设计

不同的时期，不同地区会形成不同的文化，每一种文化都具有其他文化所没有的优势，其风俗习惯、物质基础、文化心理等受环境影响产生不同，从而塑造了不同的价值观、思维方式。文化相互交流、取长补短，在借鉴彼此优势、共同发展的过程中不断创新。对于不同类型的文化创意产品设计可以分为以下三种：

（一）文化创意产品设计

博物馆的社会教育与娱乐功能是文化传承与传播的重要途径。博物馆依据收藏、展示物品的不同，可以分为历史类博物馆、美术类博物馆、自然与科学类博物馆、地域民俗风情类博物馆以及综合类博物馆等。多元化的文物资源成就了文化创意产品的特色。文化创意产品不仅有商品属性，而且具有传达馆藏品的象征意义、美学价值的高附加值，它可以传递文化的情境或感触，拉近参观者的感受。

（二）旅游文化创意产品设计

在快速发展的信息时代，人们的民族意识和对民族文化的认同感逐渐增强，因而通过开发和应用地域文化来设计旅游文化创意产品，可以提高地域文化的存在价值。当前各国都致力于把本国特色展现在广大消费者面前，旅游文化创意产品将地域性民俗文化元素与实用性、创新性相结合，不仅能够突出传统文化的价值，推广传统民族特色的文化，也能够使消费者产生情感共鸣，让更多的人认识它。比如，南京"总统府"的文化创意产品，有以"总统府"的大门为元素设计的文化衫，有以"总统府"前士兵形象为元素的 Q 版人物的书签，还有纪念徽章，等等。旅游文创产品设计应用元素比较单一和直接。

（三）校园文化创意产品设计

拉丁舞通常以比赛的形式出现在赛场，随着艺术多样性的发展，近几年逐渐以表演形式走向艺术舞台。比赛强调舞者的技术性，而表演则更侧重舞蹈的艺术性。比赛中由于受场地、时间及评判标准的限制，通常以展示技术动作为主，或加入适当的情感表达；而在表演中没有严格的场地、时间、服装、表演主题等方面的限制，舞者有更大的发挥空间和不同的表现形式。在进行艺术创作时除设定特定的舞蹈主题外，舞者的艺术表现力显得尤为重要。面部表情是艺术表现的重要手段之一，通过面部表情可以感染观众，进而传达舞蹈情感。面部表情是转瞬即逝的，经过艺术上的加工和提炼以及美化的面部表情，可以极大地增强拉丁舞表演过程中的艺术性和表演性。

校园文化是学校所具有的精神环境和文化气氛。以学校的人文特色为素材，以承载学校历史文化底蕴而开发的校园文化创意产品，是学校品牌开发、突出自身优势、提升自身影响并创造一定经济潜能的重要手段。校园文化创意产品在很大程度上承担了重塑校园记忆的功能。

三、多种多样的文化创意产品设计表现手法

在全球化的今天，人类进入了信息时代，文化和艺术的交流日益频繁，文化的多样性更为明显，文化创意产品的设计表现手法也多种多样，打破了固定的思

维模式和地域间的限制。当代的设计经常采用折中的手法，融入各种文化元素，通过设计将各种文化带入人们的日常生活。新一代的消费群体对文化创意产品提出了多元化的需求，促使设计师们设计时运用多种表现手法，使产品丰富多彩。同时不断借鉴不同地域、不同历史时期的文化与艺术风格，与当代审美情趣相结合，创造出更多的表现形式，也形成独特风格的设计产品。

（一）文化创意产品外观设计的多样性

文化创意产品要吸引消费者，使消费者产生购买冲动。首先是要设计出独特的外观设计，文化创意产品的外观设计需要符合广大消费者健康的审美和爱好，具有普遍的、多元的价值取向。在造型方面，不同时代不同消费群体在审美上千差万别，于是设计的造型也就呈现了多样性的状态。

（二）文化创意产品使用材料的多种性

使用不同的材料可以表现出产品的不同档次，因此对设计产品材料的重视程度并不低于对设计本身的要求。随着科学技术进步带来的材料创新，设计师在材料方面有着更多选择，可将各种材料混合、交错使用，同时也拓宽了设计师的思维。

（三）文化创意产品功能的多元性

文化创意产品的设计不仅仅为了美观而设计，实用性也是文化创意产品设计中要考虑的基本因素。当代的文化创意产品使用功能也越来越多元化，如钱包、手提包、披肩等实用性强的生活类文化创意产品越来越成为主要的设计载体。

（四）文化创意产品工艺种类多重性

手工精致类文化创意产品的设计带有浓厚的文化、地域差异。设计为了适应当地的自然环境以及本土的人文地理，所使用的原料、蕴含的设计元素自然也是不同的，如苏州工艺美术馆的各类手工商品，价值不菲。这类手工化的文化创意产品虽然价格比较高，但能起到保护和传承地方传统手工技艺，让文化创意产品更加多元化和精致化的作用。

工业化的文化创意产品的设计具有生产效率高、生产规模大的特点，这种机械化大批量生产出来的文化创意产品，价格低廉，贴近大部分消费者的购买心理，对于文化的大面积推广起到了很好的作用。这类文化创意产品包括出版类书籍、宣传画册、导视手册、光盘等，可以直接详细地向参观者深入介绍博物馆的主题展览和藏品，更方便参观者与亲朋好友分享体验，如故宫博物院出版旗舰店售卖的一些与故宫相关的书籍。

随着消费力和生活品质的提升，人们更加愿意将文化创意产品"带回家"。这类文化创意产品设计通常会选取最具代表性或最有特色的文化元素进行开发，灵活运用文化元素，将文化内涵转化为具有实用功能的产品，种类和形式多样，且美观有创意，能给予消费者不同的体验。文化创意衍生运用类产品大致分为三类：①生活用品类，包括杯子、杯垫、餐具、钱包等；②文具用品类，包括笔、笔记本、资料夹、书签等；③服饰用品类，包括 T 恤、领带、丝巾、收纳袋等。

高科技化仿真类文化创意产品的设计主要是满足收藏和鉴赏的需求，分为两种：第一种是价格高的高仿复制品，在使用的材料和手法上，高度还原传统文物，以高端的消费者为主，价格较高，生产数量少，附有证明书等以保证其真实性和珍贵性，具有收藏价值。第二种是价格较低的复制品，可以大量制造，采用不同材质进行复制，虽然不可避免地丧失了原有藏品的美感和艺术性，但考虑到市场及实用性，能够适合大部分人的消费水平。

四、当前文化创意产品设计的不足与发展趋势

当前的文化创意产品设计也有一些轻微的弊端，其不足之处主要有：

（一）文化的缺失

科技的飞速发展使产品的功能创新，不断地刺激产品的更新换代，部分设计师追求商业效益强调功能至上，导致产品文化内涵缺失。同时飞速发展的制造业生硬盲目地堆砌文化元素，把一些毫无关联的元素堆砌在一起，使文化元素与文化创意产品设计在形态上、语意上、观念上与文化背景脱离，造成了文化创意产

品中文化的缺失。

（二）创意的缺失

现在很多文化创意产品设计的山寨化、同质化现象严重，设计缺乏创新性思维，只是在形式上简单地复制、放大与缩小，再以低质低价等手段抢占市场；甚至一些文化创意产品只是给普通工艺品印上图片，或是市场上多见的廉价工艺品。在不同地方购买的文化创意产品大同小异，本身没有体现出与主题相关的特色。

（三）文化创意产品设计缺乏延续性

随着消费者对文化创意产品品质要求的日益提高，从发展的角度看，如果不树立文化创意产品的品牌，不注意文化创意产品设计的延续性，虽然短时间能获利，但其文化产品就难以成为独特的产品，而最终会被市场淘汰。

（四）文化创意产品发展不平衡

一些大城市的文化创意产品设计，发展比较全面，如大英博物馆、故宫博物院等，但是其他地方博物馆则发展缓慢，没有形成系统的文化创意产品机构。旅游文化创意产品和企业文化创意产品等发展不够完善。

（五）文化创意产品今后的发展趋势

从现阶段的文化创意产品设计的特点及其不足之处来看，以后的发展趋势会从以下几点展开。

1. 文化创意产品的主题系列化

有创意、有文化性的系列文化创意产品在开发设计过程中，一个主题产品的系列化开发有着绝对优势。文化元素被运用到不同产品的造型、色彩、材质、结构等设计手法中，加大了消费者对文化元素的注意，有利于推广。系列化的文化创意产品设计开发具有明确的主题，可以根据消费者的需要开发出完备的产品。

2. 文化创意产品的环保化

增强文化创意产品设计的延续性的价值在不断地变化，当代的设计发展方向应该是在满足人们生活需要的同时，体现积极的、健康的、不以破坏生态和环境的要求。我们在设计产品时必须考虑前期使用到后期销毁对人们生存环境的影响。

3. 文化创意产品的个性化

具有品牌效应文化创意产品设计的生产经营者为了区别于其他类似的文化创意产品，除在设计上展示创意以外，在文化创意产品上、包装上、宣传广告中会使用特定标识，突出文化创意产品特有的文化。

4. 文化创意产品的多元融合化

当代多元化的文化创意产品设计有着发展的大好机遇，文化创意产品设计向大众提供文化、艺术、心理等产品，形成完整的产业链，属于第三产业类型，具有高知识性、高附加值性与低耗能、低污染等特征。未来的发展应当加快文化产业与其他产业跨界融合发展的进程，建立专业性的组织完成各类资源的支持与互助。提升创新和服务品质，增加附加值、塑造品牌，推动文化创新体系形成完整稳定的产业链。

世界是多元的，世界上的万事万物都有自己的特点，多元化是事物发展的基本样态。不同性质、特点和背景的价值观与思维方式会产生冲突，文化创意产品设计就是在这种多元化的背景下交流、冲突、融合不断发展。在全球文化产业、创意经济不断发展的大环境下，文化创意产品通过发掘自身文化资源，利用设计对文化进行创新，与创意产业、产品设计不断相互融合，传播文化。

本书通过对文化创意产品的现状进行分析和探讨，对文化创意产品的设计案例进行分析研究，得出现阶段文化创意产品的多元化特点。目前我国文化创意产品的设计和开发还处于探索阶段，在今后的文化创意产品设计发展中，新兴的多媒体设计与文化创意产品会更加紧密地结合，创造出更加多元化的产品，并会对文化创意产品的消费人群进一步细化。同时会加大建立文化创意产品设计的交流平台，有效地引导文化创意产品的设计、生产与推广。

五、基于中国传统文化的创意产品设计

（一）目前传统文化相关的文创产品设计存在的问题

随着我国文化创意产业的不断发展，文创产品的市场从一片空白到今日连政府都高度重视和大力扶持，并且有越来越多的高等院校和个人都踊跃参与，总体而言，文创产品是朝着良性的发展方向前进的。但是，一些严重影响文创产品发展的问题仍然存在，并且越发明显。

1. 文化元素的使用过于死板

中国是世界上唯一一个屹立不倒的文明古国，具有博大精深、源远流长的优秀传统文化，这是文创产品极为重要的资源。设计即创造，需要不断吸收、消化外部一切的灵感来源，将之实现。但部分设计师在文创产品设计上明显缺乏思维的灵活性，对传统文化的理解、分析十分片面，仅仅是单一地在形式上重复传统文化中的元素。融入产品后既表现不出设计师对传统文化的理解认识，也没有体现出独到的民族特色，产品太过单一乏味，给人一种由多种杂乱元素"堆砌"而成的荒诞之感，只能沦为工艺产品中的低端廉价产品。这样对质量、文化内涵、民族特色都毫无追求的产品，不仅不能促进文创产品市场的进步，反而会在一定程度上影响消费者对文创产品的理解，对文化创意产品的发展极为不利。

2. 传统文化产品设计缺乏延展性

文化创意是将产品的附加价值提升的有效途径，而设计风格的延展性、可持续性则是产品品牌价值的重要保证。产品的良好发展需要在设计风格上要求统一，一个统一的设计风格将是产品品牌的一个重要标签，更便于向大众传递企业的产品信息，在长期发展中树立一个明确的企业产品形象，让广大消费者对产品形成信任，对企业的经济发展有良好的作用。但是由于时代的快速发展，多数企业为了能在短期内尽可能多地博得消费者的眼球，一般大量生产短期、快速的文创产品，虽然在短期内能风靡一时，但是缺乏品牌延续性的文创产品在热度过后很快就会失去价值，失去传统文化本身源远流长的特点，不利于企业的发展和文创市场的稳定。

（二）传统文化相关的文创产品设计原则

1. 功能性原则

功能性是产品设计的基本原则，一件功能性不强的产品纵然设计再巧妙也难登大雅之堂。产品自身具备的可靠性能是任何产品都需要最优先考虑的内容。其中所包含的安全性、稳定性以及对人的适应性都是必要的考虑点。一件优秀的文创产品不仅要能满足人们的精神层次需求，更要在实用性上加以重视。而考虑到传统文化的独特性，产品的选取方向也应更加贴近生活，如生活用品、衣物、餐具、家具等。传统文化本就是存在于市坊民间而一代一代传承下来的精神寄托，所以产品也应更好地融入老百姓的生活才能在本质上体现出文创产品的价值，所谓"艺术源于生活，而高于生活"便是如此。

2. 文化性原则

文化是文创产品的灵魂，也是消费者在一般产品和文创产品之间选取时影响主观购买欲望的重要因素。一件优秀的文创产品应在文化上引起消费者的共鸣，在传递信息的同时能唤醒广大消费者对传统文化的认识。文化性原则是文创产品所要遵循的基本原则。

3. 审美性原则

在文创产品设计之初，审美因素就是设计师所要考虑的重要一环，在功能性相差无几时，让消费者选择该产品的一个重要因素就是审美性原则。要严格遵循审美性原则，在设计中充分考虑当下的大众审美，在满足产品功能性的基础上最大限度地满足消费者的审美需求，生产出使大众都乐于接受的产品，从而增加产品的关注度，以及企业的口碑。

4. 创新性原则

时代的快速发展给人们带来好处的同时，也意味着各方面的更新变化都在加快。而文创产品这样基于文化而生产的产品更是极容易跟不上时代的脚步，所以设计师应时刻保持灵敏的"嗅觉"，时刻注意社会审美需求的变化，以及产品功能性的完善和修改，最大限度地及时满足消费者的需求，为文化创意产业提供更优秀的载体。

5. 情感性原则

消费者的感性心理也是文创产品应注意的十分重要的关键点。在消费者购买力和生活需求不断提升的现在，大众的感性心理也越来越受到重视，一件可以引起消费者共鸣的文创产品，显而易见更能融入市场，在为企业带来收益的同时，传递文化信息的效果也更加明显；消费者得到情感体验的同时对传统文化认识的唤醒效果也更加显著。

六、基于中国传统文化的文创产品设计的思路探索

1. 传统文化元素的合理运用

传统文化是一个民族的文化特质，是一个民族普遍认知且独特存在的标识，传统文化作为元素融入文创产品，不但有利于文创产品的创新、中国传统文化的延续，而且能在精神上加强人民的民族自豪感，是十分良性的拓展因素。因此，在文创产品中，加入我国传统文化元素是文创产品发展的必然方向，也是必不可少的一项，还是在新时代下继续传承我国优良传统文化的重要途径。但是，文创产品的文化传承并非一味地复制、重复过去的历史，而是应该在传统文化中取其精华，将其整合拓展，使其成为一个独特的元素符号，代表着文化的同时，也向其中加入了新时代下设计师对文化的新一层次理解。不但能反映出我国人民的精神特点，而且有利于人们思想的进步，而非沉浸于过去停滞不前，对文化的发展是十分有利的。善用地域文化也是十分重要的一点，在同一设计风格下灵活地将各地域传统文化的元素变换融合，所产生的实际效果也绝非"一加一等于二"那么简单。

2. 传统文化的抽象意境融合

中国的哲学思想一直都是世界上影响力最大的思想，世界四大文化圣人便有一位是中国人。"无极""天人合一"等都是我国极具代表性的抽象哲学的典型代表，也是传统文化意象的杰出体现，更是在设计上历来加以采用的精华。设计师将这些带有丰富的抽象哲学的文化元素加入产品中，可以创造出更具民族特色的文创产品，与此同时，善用这些哲学元素，将使产品本身就带上哲学的气息，使其文化的附加价值更胜一筹。而这些自古就深入我国民众心中的哲学思想，也能使消费者更加容易接受文化产品所传递的信息。

3. 注重生活实际体验，将传统文化情感融入设计中

艺术源于生活而高于生活，设计的本质来源于生活，因此也一定要融入生活，不能跟生活接轨的设计其价值很难得到体现。而设计的灵感多数来源于生活中的每一处细节，正如同牛顿因一个苹果而发现万有引力那样，设计的灵感也往往源自某个不经意的细节。要保证思维的与时俱进，结合大众当下的心理状况、审美需求，设计出更多带有传统文化气息的文创产品，将设计师的情感融入产品之中，尽可能多地使广大消费者产生共鸣。越是源自细节的设计，越容易走进消费者的内心，越能受到消费者的青睐。

社会的发展是必然的，文创产品也要时刻紧跟社会前进的脚步，不断创新设计理念，转变设计方法，更多地将传统文化融会贯通，结合大众的行为特点、审美需求以及功能需求，设计出更多带有鲜明民族特色的文创产品。满足大众生活需求的同时也最大限度地满足大众的精神层次的需求，促进中国传统文化的传承与发展。

第二节　文化创意产品的特征

一、文化创意产品的概念

"文化创意产品，是指文化创意产业中产出的任何制品或制品的组合。从产品最终形态来看，文化创意产品包含两个相互依存的部分：文化创意内容与硬件载体。文化创意产品区别于一般产品的特殊性主要在于它的文化创意内容，这是文化创意产品的核心价值。但文化创意内容无法独立存在，必然要依靠具体的硬件载体而存在。"中央财经大学文化创意研究院院长魏鹏举对文化创意产品的这一定义通俗地解释了什么是有形文化创意产品，却忽略了文化创意产品也包含无形的服务。笔者认为理解文化创意产品的含义，关键在于弄清它与一般文化产品和一般物质产品的关系。

（一）创意内核

文化创意产品作为文化产品的一部分，其本质都是通过人的劳动创造出来用以满足人们精神文化需要的产品。但同时文化创意产品不同于一般文化产品，而是文化产品的重要分支。文化创意产品强调创意、重视创新，重视个人和团队的创造力以及知识的作用，强调文化对经济社会的支撑和推动作用。文化创意产品力求探索文化元素或文化因子，通过各种设计手法、表现手法以全新的表达方式诠释文化创意，以此提升产品和服务的附加值，为消费者提供独特的消费体验，激发新的消费欲望，引导消费升级。

（二）商品属性

文化创意产品与一般文化产品和一般物质产品一样，都具有一般商品的属性。

恩格斯对此进行了科学的总结："商品首先是私人产品。但是，只有这些私人产品不是为自己消费，而是为他人的消费，即为社会的消费而生产时，它们才成为商品；它们通过交换进入社会的消费。”所以，文化创意产品首先是面向市场消费并以获得经济效益为目标的商品。

（三）文化基因

文化创意产品作为文化产品的重要分支，必须具备文化内涵和文化功能，反映当下的文化生活。在满足市场需要的同时，也需要时刻注重促进和提高人的思想境界，改善人的精神状态，培育人的道德情操。

二、文化创意产品的特征

（一）独特性与超越性

世界创意产业之父、英国经济学家约翰·霍金斯对“创意”的阐述是：“创意可以被简单定义为‘有新点子’。有四个标准来衡量一个新创意：它必须是个人的、独创的、有意义的和有用的。”文化创意产品由于其本质的追求是“破旧立新”，其属于创造性的产出，独特性和超越性是文化创意产品追求的重要品质。

（二）教育性与公益性

文化创意产品具有双重属性，即商品属性和精神属性，同时也就决定了文化创意产品在创作和生产过程中必须追求经济效益与社会效益的统一。面对市场，不得不追求经济效益，但作为文化产品又需要发挥文化对社会的服务作用，必须提供积极的精神导向，创造良好的社会效益。台北故宫院长林曼丽女士在开发台北故宫系列文化创意产品时曾言：“创意文化商品是针对年轻族群所设计的，除了要让一般时下年轻人知道，原来故宫也可以和他们这么亲近之外，也希望借由这一批新的文化创意商品能够带领年轻人主动进入故宫里，进而了解故宫典藏之美。”设计师要善于通过提炼文化元素并以符合年轻人审美的表现形式重组文化藏品，以新颖、独特的呈现来开启年轻人对于历史与文物的兴趣。文化创意产品既是消费品也是文化教育的载体，拓宽了对大众教育的方式方法。

（三）民族性

一个民族生活方式和风格的特质，能够在他们所生产的各种文化商品总体中体现出来。每个民族都有他们自己特殊的历史，因此每一种生活方式都是独特的。各国的文化创意者都在试图提炼和创造代表本国的创意文化，以吸引其他国家人群的认同，达到价值观渗透和经济获利的目的。在此背景下，文化创意产品被赋予了强烈的民族性来呼唤新一代人群对本国文化的认同感和归属感。

（四）系列性与延续性

不同于一般文化产品通常以个体形式出现，文化创意产品则大多以某主题为表现内涵并以群体或系列的形式出现在大众视野。这种呈现方式主要是因为当代文化创意产品的设计大多依附于某一地域性特色主题（如北京故宫等）或某一娱乐时尚 IP（如迪士尼等）进行开发设计。由于被开发的文化主体本身体量庞大，文化因子繁多，无法对其中的某一内容进行单独呈现。另外，因为文化创意产品的核心是创意，而创意具有时效性，消费者的兴趣很难得以长时间保存。为了能够使文化创意产品得以利益最大化，这也就要求文化创意产品需要通过不断在同一主题上创造新产品留住消费者的关注度和增强消费者的记忆点。因此，进行文化创意产品开发必须有对未来的考虑，缺乏前瞻性和延续性的文化创意产品开发是没有生命力的。

第三节　文化创意产品设计方法

内涵丰富的文化产品可使人在消费的同时提升对本民族文化的认识。民族文化创意产品作为文化创意产业的形态表现和文化衍生产品，对民族文化的继承与发展可起到促进作用，为民族地区社会、经济、文化的和谐发展提供新思路。

一、民族文化创意产品的特点

第一，特有性。民族文化创意产品能够把各民族特有的风土人情、文化艺术形态等表现出来，通过产品的形式加以体现，具有民族特有性。

第二，传播性。民族文化创意产品是具有流通性的，在流通的过程可以把民族文化及其精神内涵传播出去，民族文化创意产品变成了民族文化呈现和流通的载体，民族文化和民族精神可以得到有效传播。

第三，带动性。优秀的民族文化创意产品会产生非常高的关注度，通过以点带面，会给区域带来一定的关注度。这些关注度往往会产生积极的影响，带动地区相关制造业、文化产业等的共同发展，从而也能带动地区经济，提升社会影响力，体现出良好的带动性。

第四，传承性。民族文化创意产品具有一个非常重要的属性就是传承性，它是民族文化传承的具象表现，也是民族文化活态传承的具体表现，能够为民族物质和非物质文化遗产的传承带来新的思路和新的路径。

二、影响民族文化创意产品发展的主要因素

（一）经济价值层面

影响民族文化创意产品需求量的重要因素之一就是经济价值。随着中国多年来的经济发展，文化创意产业也得到了快速发展。民族文化创意产品是地区的文化载体，多样性的民族特色文化产品更能吸引消费者的目光，其经济价值不可估量。民族文化创意产品带有浓郁的地域文化和民族韵味，溯本求源，一定会提升大众对民族文化的认可，快速提升民族文化的经济价值。

（二）社会价值层面

民族文化创意产品能够提升大众对民族文化的认知水平，起到宣传教育的积极作用，增强社会大众对民族文化的认同感，提升地区社会大众的凝聚力。主要

原因是民族创意文化产品蕴含艺术性，艺术来源于生活，它体现了区域民族文化的精神内涵，能够很好地宣传民族文化精神与灵魂。民族文化创意产品的流通和销售，还能起到宣传教育的积极作用，很好地体现社会价值。

（三）文化价值层面

民族文化创意产品具有非常高的艺术价值和美学价值，它在创作过程中往往提炼并吸收了民族绘画、民族服装、民族文字及民族宗教等民族文化元素和文化内涵。它不仅是一种物质形式上的表现，还具有非常高的文化价值，是民族文化推广的重要载体。

（四）历史价值层面

民族历史文化需要传承，民族文化创意产品是文化传承的活态表现。民族文化在历史演变历程中沉淀了许多精髓，它们有不同的表现形式，包括特色建筑和风俗习惯等，都是人们对历史传承的表达，是对各个时期经济、文化、社会等方面进行深入考察研究的载体，也是特定地区历史发展的见证。而民族文化创意产品将这些民族历史文化通过活态传承的方式保存下来。

（五）情感价值层面

历史在变化，时代在改变，人们的需求也在发生改变，虽然过去的一些产品慢慢从市场上消失，但是还会保留在人们的记忆中。民族文化创意产品就是要去挖掘民族文化精髓和情感记忆中的美好故事，不仅要体现它的实用功能，而且要满足大众的情感需求和审美要求，传递民族特色的文化情感。

三、民族文化创意产品设计的构成因素

（一）产品功能

产品的功能是产品得以存在的价值基础，是满足人们需求的基本要求。每一件产品都有不同的功能，人们在使用产品的过程中可以获得需求满足。设计师一

定要看到人们长远的社会需求，这样设计出来的产品才会带来更大的经济效益和社会效益，这就是产品功能的实现。产品功能又划分为使用功能和审美功能（也可以称为精神需求功能），它利用产品的特有形态或者视觉外观来表达产品的价值取向以及不同的美学特征，让使用者从内心情感上与产品达到共鸣从而满足使用者的精神需求，同时也体现出产品的实际使用价值。

（二）产品形态

产品形态，是指利用美学法则通过设计制造出满足顾客需求的外观和形态。除了要遵循美学法则，还要考虑到恰当运用材料，注意产品的结构、造型、色彩、加工工艺等，全面体现出产品的特性和最优的形态。因为产品是提供给人使用的，所以产品设计还要符合人体工学，满足人们生活工作的需要，最终通过合理化的物化形态体现出来。

（三）物质技术条件

物质技术条件包括材料、结构、设备、制造工艺和生产技术等重要内容。新材料的运用改进了产品结构，使工业产品更加实用。新的加工工艺的运用，能更好地体现材料的质感。产品的造型设计需要物质技术条件的支撑才能体现出时代的科技成果以及时代美感，也才能体现出产品的艺术性、科学性、时代性和先进性。

四、民族文化创意产品设计的流程和方法

（一）提炼文化内涵

产品的文化内涵有两个显著要点，即传统造型元素应用和传统生活方式的继承。它包括物质生活方面和社会生活方面，以及精神生活方面，其核心部分是传统观念。民族文化创意产品在吸收传统文化的精髓后，能够找到传统与现代结合的契合点，能够使传统文化融入现代的生活中，因此提炼产品的文化内涵，也是对民族文化活态传承的体现之一。

（二）明确设计理念

设计师在创作过程中一般要有明确的主导思想，确定产品的文化内涵、思想核心，赋予设计作品新的文化思想和独特的表现风格。好的设计理念能令作品更加个性化，是设计的精髓所在。设计师可以通过头脑风暴的方式去提炼设计理念，进行发散思维，联想一切文化元素，包括客户喜好、职业特征、文化层次等特点，再对头脑风暴得到的关键词进行整理筛选，选出有价值、有意义的创新点和创意点进行设计。

（三）思考设计载体

将设计理念或者创新点运用到合适的载体上，赋予产品内在的含义，是一个外现的过程。在人类发展过程中，人类对工具和材料的认知不断累积和发展，石材、木材、金属等材料都在人类发展史中起着关键作用。如今在科技发展和社会职能属性区分下，文化创意产品在类别上形成了以下几个大方向：文具用品、生活用品、电子产品、文娱产品。这些文化载体十分广泛，是活态传承的突破点，将设计理念或者创新点运用到合适的载体上，能让民族文化活态传承找到发展的合适平台。

（四）提炼实施设计

设计师要敢于创新和敢于尝试，通过创新提炼、完善细节、设计效果图、制作样品、投入生产等一系列程序完成产品的设计、生产。在这个过程中，设计的作品要有独特的构思，要采用市场化的视角，通过原形分解、打散再构、异形同构等设计手法进行创新，将抽象的民族文化资源提炼和概括成外形独特、色彩鲜明、工艺创新、设计风格迥异的产品，既满足大众多样化消费需求又避免陈规俗套。

民族文化需要活态传承，民族文化创意产品需要创新和发展。我国民族文化创意产品设计开发仍然存在诸多不足和缺陷，如对民族文化内涵了解不够深刻，加工工艺质量、科技含量不高，产品附加值较低。将民族文化活态传承与创意产业有效结合，深挖民族传统文化内涵，优化产业结构，以特色文化创意产品带动产业的发展，传承民族文化，创造经济价值，这是民族文化创意产品现阶段发展所要攻克的问题。

第四节　文化创意产品设计研究的发展与现状

文化创意产品以具体的物质产品为载体，蕴含着产品本质的精神价值和文化价值、商业价值。文化创意产品的基本特征包含了文化价值和经济价值特征。文化价值特征即文化创意产品所呈现给消费者的产品文化、地域文化、民俗文化、民族文化、宗教文化、历史文化等。例如，关于文化创意产品的内容，设计师可以通过现代创新手法对历史文化资源进行整合设计，使文化创意在具备实用性的同时普及文化知识。经济价值特征表现在具有高度文化价值的文化创意产品可以转化为经济的产物，文化带来的附加值使产品具有更高的经济价值，也通过不断的产品创新衍生多元化的产业链条。

一、文化创意产品的发展历程

"文化创意产业"的概念是由霍金斯在 2001 年最早提出来的，在此之前，中国虽然已经开始了"文化创意产业"征程但是并未确定名称，人们对文化创意产业的重要性关注较少。随着时代的发展，从近 5 年开始，人们才从整个大环境中认识到文创的重要性并在全国范围内进行推广。纵观文化创意产品的发展历程，中国从很早就已经开始。大约从 1950 年开始，我国就有很多精美的工艺产品输出海外市场，而那些代表中国传统文化的艺术品的世界贸易成为我国换取外汇的重要方式。如果再向前追溯至元朝，宫廷要求景德镇窑厂烧造大批量供出口的瓷器，就体现了文化创意产品设计的内涵。可以说，中国以其深厚的文化底蕴做积淀，有十分悠久的文化创意产品设计经验和经历。诸多丰富的文化元素都是文化创意产品的设计来源，在文化创意产品的设计领域，具有五千年底蕴的中国拥有无限的探索和设计空间。

二、现代文化创意产品设计的现状及措施

（一）中国文化创意产品的现状

中国的文化创意产品正处于蓬勃发展的探索阶段，在这个过程中也出现了一些问题。例如，并没有形成良好的秩序和规范、文化创意产品缺乏平台和渠道等；一些文创相关领域的工作者在面对最新的科研技术、最新的市场变化、最新的传播环境时难以及时跟进，从而设计的作品呈现滞后古板的情况。追本溯源，文化创意产品的良性发展，不仅需要产品的质量创意，还需要合理的平台与渠道的支撑。

（二）中国文化创意产品设计的问题和措施

目前，中国文化创意产品设计正处于上升阶段，国家发布的众多扶持政策激发了众多文艺工作者对文化创意产品的热情，同时吸引了很多从其他行业跨界而来的工作者。但是通过对文化创意产品内涵的了解，我们可以知道，首先，文化创意产品的设计并不是简单的外观造型设计，它涉及众多领域，具体包含设计者对产品质量的管理、对审美要求的把握、对品牌效应的传播、对服务和创新人才的塑造、对创新环境的营造，以及对产业链等深层次问题的思考等。这就需要加强平台的合作，在对资源有效整合的同时，加大对人才进行相关领域的培训。其次，现如今全球的环境问题日趋严峻，文化创意产品设计人员应该更加注重生态理念、可持续发展理念，广泛开展绿色理念下的生态化设计创新，将科技、人文、绿色三大理念融入设计思维，开发和推广文化创意产品，进一步促进节约能源资源和生态环境的可持续性发展。再次，文化创意产品具备很高的经济价值，而带来经济价值的重要因素之一就是品牌的力量。目前市场上的文化创意产品缺乏个性化的标签，这就需要在设计过程中要以文化为核心资源，树立消费认知，构建文化专属品牌产品即文化衍生产品，形成文化品牌，提升文化创意产品的影响力

和生命力。最后，中国的文化创意产品要想在世界领域实现可持续发展，甚至引领文化与创新的潮流，就需要以民族文化元素和非物质文化遗产资源为根基，以其独特性、传播性和带动性为动力，以高超的设计手段、敏锐的洞察能力和较高的设计品位来推动文创产业的发展。

　　文化创意产品设计以文化为基础，中国上千年历史的沉淀汇聚成的文化宝库是设计者创意灵感取之不竭的源泉。纵观我国文化创意产业的发展历程，曾经拥有良好的传统和探索实践，只要立足国情，更新观念，合力解决现阶段发展的问题，相信在文化创意产品的设计领域，中国有更为巨大的发展和探索空间。

第四章 文化创意产品的设计与创新

第一节 文化创意产品的基本概述

如今，创意产业作为新兴产业门类蓬勃发展，而基于创意产业下的文化创意产品也成为促进经济发展的重要动力。文化创意产品将融入人们的生活，并使人们感受到新奇的创意设计与丰富的文化内涵。

一、文化

"文化"一词的英文和法文都为"culture"，而德文为"kultur"，这些词汇都来源于拉丁文"culture"。这一单词具有名词和动词两种词性，中文解释为文化、文明、修养和栽培。最先对"文化"一词进行定义的是英国人类学家E.B.泰勒。他给文化下过两次定义：第一次是"文化是一个复杂的总体，包括知识、艺术、宗教、神话、法律、风俗以及其他社会现象"；第二次是"文化是一个复杂的总体，包括知识、信仰、艺术、道德、法律、风俗以及人类在社会里所得一切的能力与习惯"。

冯天瑜在《中华文化史》中将文化划分为四个层次，它们分别是物态文化层、制度文化层、行为文化层、心态文化层。物态文化层是指通过人类加工自然而生产制造的相关器物，它是人类物质生产活动方式和产品的总和，是真实存在的具有物质实体的文化事物，是构成文化造物的物质基础。制度文化层是指由人类在社会实践中组建的各种社会规范。行为文化层是由人类在社会实践，尤其是人际交往中约定俗成的习惯性定式。心态文化层是由社会实践和意识活动中长期孕育出来的价值观念、审美情趣、思维方式等主体因素构成。心态文化层又可细分为社会心理和社会意识形态两个层次。文化的不同层次，在特定的结构、功能系统中融为统一的整体。这个整体既是上一代文化历史的累积，具有继承性，又在变化的环境中不断地演变和进化，因而具有发展性、革命性。

二、文化的特性

(一)普同性

在不同的地域或国家，文化有其不同的表现形式，但在不同的文化之间也蕴含着共同的、同一的部分，它们以社会实践活动的文化形式呈现出来。文化涉及的诸多领域，如哲学、道德、文学、艺术、法律和教育等，不仅包含社会阶级的内容，还包含普同的原则和价值观。普同的原则使地域之间、国家之间、民族之间可以相互交流，也使文化得以交流传播并相互融合。现在，社会的进步和经济、技术的发展，促使全球经济向一体化方向发展，各个地区、国家和民族之间生活方式的差距被逐步缩小，差异的文化特征渐渐地消退，普同的文化特性正在成为世界发展的趋势。

(二)多样性

由于自然环境、历史积淀和社会制度的不同，会塑造出不同的文化种类和文化模式，在世界范围内呈现多样性的文化特征。每一个民族都有自己独具的特征，都是在特定的历史条件下形成的，是不可复制的，具有唯一性。每一个民族的文化都是值得尊重和保护的，它们是整个人类社会的财富，是历史留给人们的宝贵遗产。

(三)民族性

自从民族出现以来，文化便随之产生，它与民族的发展与进步有着紧密的联系。每一个民族都有自己的文化，不同民族之间的文化特征是有差异的。各个民族的文化都是经过长时间的历史积淀，并受到不同地理环境、社会制度、宗教思想等因素的影响，最终形成具有本民族特色的文化。越是历史悠久的民族，其文化的内涵就越深厚，所呈现出的文化精神就越强烈，其民族性就越加突出、越加明显。

（四）继承性

人类社会不断地向前发展，而文化也随之延续和发展。继承性是文化的重要基础。假使缺少了继承性，文化也便就此消失。在文化的发展过程中，新的文化发展阶段在取代旧的文化的时候，都会从中吸取有利的因素，取其精华，去其糟粕。这样，人类创造的文化成果才能不断地延续和传承下去。

（五）发展性

文化不是一成不变的，它会随着时间的变迁、空间的推移而不断地发展变化。人类从原始社会、奴隶社会、封建社会逐渐演变成资本主义社会、社会主义社会甚至更高的社会阶段，也是文化由低级阶段向高级阶段发展的必然结果。文化的产生促使人类社会从原始的状态进入现代社会中。人们被赋予知识和创造力，并努力地改变周围的环境，而文化也在不断地发展。

（六）时代性

在人类社会发展的每一个历史阶段，都会有属于这个阶段的典型文化类型。例如，用科学技术水平和生产力作为划分时代的标志，则会有石器时代的文化、青铜器时代的文化、铁器时代的文化、蒸汽机时代的文化、电力时代的文化和信息时代的文化。随着时代的更迭，文化类型也必然产生变化，新的类型必将取代旧的类型。这并不代表对文化继承性的否定，也不代表文化发展在某一阶段出现了断层。其实，人类社会每次进入一个新的时代，都会吸取之前的优秀文化成果加以整合、利用，使其融入自己的体系中，并衍生出新的文化类型，成为代表这个时代的典型特征。

三、文化创意产品

文化创意产品是指以创意理念为核心，依靠设计者的智慧、能力，凭借充满创意的方式将文化资源加以创造和提升，并将文化与产品巧妙地结合在一起，最终转化成具有商品价值和高文化附加值的产品。从文化创意产品的定义中可以知道，围绕文化创意产品的核心要素是文化和创意。创意是产品所呈现在人们面前的表象特征，通过极富个性、新颖的产品造型，使用功能等吸引人们的注意；而文化则是产品传递给人们精神层面的信息，满足人们对精神文化的需求，提升人们的品质和文化修养。

创意是一种创新思维的能力，是一种创造产品的能力，巧妙的构思与独特的想法使产品更具原创性，造型更加新颖，同时满足人们对功能的需求。运用创意的思维和生产方式，可以生产出造型美观、功能完善、满足人们个性需求的产品。创意的设计使产品更具魅力，它可以提升产品的价值，使其摆脱同类产品在市场上的价格竞争，通过创意的设计和出众的工艺品质吸引目标消费群体，并占据产品定价的主动性，为产品的品牌经营与推广打下坚实的基础。

文化是一个民族的精神体现和时代特征，它是经过长时间的历史沉淀而形成的。文化是一个复杂的总体，包括知识、信仰、艺术、道德、法律、风俗，以及人类在社会里所得一切的能力与习惯。不同的民族受地理环境、社会制度、宗教思想等因素的影响，最终形成具有本民族特色的文化。越是历史悠久的民族，其文化的内涵就越深厚，所呈现出的文化精神就越强烈，其民族性就愈加突出、愈加明显。文化是历史留给我们最宝贵的财富，所以我们应该将这些优秀的文化资源加以利用，借鉴国外已有的成功经验，设计出具有中国特色的文化创意产品，才能把我们的产品推广到世界范围内，同时将优秀的中国文化展示在世人面前，为弘扬传统文化、传承文化经典、促进经济文化交流做出贡献。

创意与文化是文化创意产品设计中最为重要的两个要素，二者有着紧密的联系，缺一不可，它们是相辅相成的关系。创意的设计赋予产品崭新的面貌，让产品个性十足、前卫时尚；而文化则赋予产品以灵魂，让产品充满文化底蕴，显示出浓厚的人文气息。文化创意产品需求根植于我国深厚的传统文化中，才能有更广阔的发展空间。传统文化也需要借助创意的方式和现代的语言来表达文化的精髓与博大，只有将创意与文化完美地结合在一起，才能设计出真正符合市场需求的文化创意产品。

四、文化创意产品产生的背景

要理解文化创意产品，首先需要对其产生的背景——文化创意产业有所了解。所谓文化创意产业，是指以创作、创造、创新为根本手段，以文化和创意为核心概念，突出"生产性服务业"的性质，强调依靠创新人才应用文化创意提高产品附加值的行业集群；通俗地讲，就是将源自文化的灵感、点子、才艺等应用于创意方法，结合现代科技，设计生产出新的产品来满足消费者的需求所形成的产业集群。文化创意产业能够在当下得以迅猛发展的原因，主要有以下两点：

第一，随着欧美发达国家工业化的完成，社会物质生产极大地满足了消费者的需求，而人们的需求逐渐由物质、理性、生理层面向精神、感性、心理层面转换。诚如马斯洛所言，人的需求分为生理需求、安全健康需求、情感需求及自我实现需求等。而文化创意产业也正是在这样的背景下不失时机地为消费者创造文化创意产品，来提供这种感性需求的满足和体验。文化创意产品正是对消费者感性需求及精神层面需求的一种满足，是产品创意的高级阶段。

第二，19世纪60年代的反主流文化冲击带来大规模的社会运动，各式各样的亚文化、流行文化、社会思潮等风起云涌，给传统工业社会的审美、情趣、文化认知等带来了强大的冲击，社会开始重视差异与个性的解放，并鼓励发挥个人创造力。在这样的时代背景下，欧美文化创意产业迅速崛起，以适应多元文化时代的到来。每个民族、国家都有自己独特的文化历史。只有别具民族特色的文化创意产品，才能引导产业集群创新、提升产业素质和市场竞争能力。只有大力投入本土文化创意产业的发展，才能免受其他文化创意产业浪潮的冲击。

在此背景下，世界各国根据自身独特的自然物产、历史文化传统、社会文化价值等，为文化创意产业赋予了不同的内涵，从而呈现出不同的文化价值特征。

第二节　文化创意产品的构成要素与分类

一、文化创意产品的分类

文化创意产品在构思、生产制造、营销、消费等方面都有自身的特征和规律，并且各个国家和地区都有着自身经济生活的发展和人们需求的变化。因此，各国对文化创意产品的分类并不相同。在文化创意产业链上，文化创意产品大致可分为三类：内容类文化创意产品、创意类文化创意产品和延伸类文化创意产品。

（一）内容类文化创意产品

内容类文化创意产品依据原创性、思想性、创新性的特点，包含传统文化研究与创新、流行文化研究与创新、动画、电影、新闻出版、文艺演出等内容。这类文化创意产品作为内容产品存在，主要解决消费者需求的本质与核心内容，同时成为创意类文化产品的创意源发点。

（二）创意类文化创意产品

创意类文化创意产品的主要特征是通过创意对文化进行转移，即通过具体设计创意将内容类文化产品或直接将传统文化及当代文化移植到产品中，消费者通过产品的拥有和使用获得对文化的消费体验，从而提升传统产品的附加值。

（三）延伸类文化创意产品

延伸类文化创意产品有非兼容性和非排他性的特征。这类产品包括商务服务、会展、文化设施等，能够提供体验文化的非物质性的过程和服务。这类文化创意产品解决消费者在满足其精神需求的过程中附带获得的利益和效用。

通过以上分析，本书所指的文化创意产品是最具设计艺术特征的文化创意产品。对文化创意产品的理解可以分为三个层次：首先，它应该是一个产品，能够提供给市场销售，以供消费者消费及提供给消费者相关的体验；其次，该产品的形式主要包括品质、式样、特征、商标及包装等，要符合消费者的审美需求，达到感观上的愉悦；最后，该产品能够提供一种"文化"属性，能够唤起一种记忆或是象征一种文化身份，这种是纯精神上的归属和认同。而在文化创意产品三个层次的内涵中最重要、最具标志性的内涵是产品的"文化"属性，也是文化创意产品区别于传统产品的本质内涵。

二、文化创意产品的价值构成

文化创意产品的价值构成系统与一般商品有着很大的差异。文化创意产品的价值并不仅由社会必要劳动时间、个别劳动时间，或由购买者的需求和支付能力、价值效用等显性要素来决定，而且是由隐性价值和显性价值共同决定的。

文化创意产品的显性价值与一般商品并无二致，其独特性在于体现"文化"的隐性价值，是文化创意产品价值中的核心部分。"文化"来源于特色的民族历史资源、人文底蕴和文化内容产业等。在文化创意产品的生产过程中，"文化"可以间接影响新产品的附加价值，所以文化创意产品的隐性价值也是企业的核心竞争力。传统产业从改变商品的功能来为消费者提供更高的使用价值，从而获得高利润。但是，文化创意产品是在满足消费者功能价值的基础上改变消费者的观念而获得利润的。这些观念主要表现为信息价值、文化价值、体验价值等。比如，可口可乐用重金买下了哈利·波特的形象使用权。对于可口可乐的产品而言，这就被赋予了一层新的信息价值，因为消费者会认为魔法界的人们也要饮用可口可乐。或者说哈利·波特也要喝可口可乐，文化创意产品的信息价值也因此形成。

同时，文化创意产品的价值也在其整个产业链中得以实现。J.K. 罗琳创造了《哈利·波特》并由好莱坞将其拍成了电影，就完成了内容类文化创意产品的创造，同时完成了关于"魔法文化"的内容创造。依据这一创意源，将其注入传统产业中，创造了基于"魔法文化"方面的玩具、糖果、服饰等创意类文化产品，进而可以根据这一故事建立相关主题公园来促进英国旅游业等延伸类文化创意产品的发展。通过这一产业链，各类文化创意产品获得相关的价值。而本书主要对创意类文化产品进行相关的解读和赏析，使读者能够对文化创意经济时代的新商品形式有所理解，为中国文化创意产业的发展打下坚实的基础。

三、文化创意产品的构成要素

传统产品的设计理念发展支持一种高投入、大批量的生产方式，在现代传媒和广告的鼓动下，有计划地废止成为一种"时尚"。物质产品的生产沿着"原料—大规模生产—大众消费—报废"的轨迹。然而，现代社会中的人在享受物质带来的快感和便利的同时，也产生了对回归传统、追求文化的质朴生活的向往。文化创意产品正是为满足该种需求而产生的，同时要成为文化创意产品就必须具有文化、创意、体验、符号、审美等要素特征。

（一）文化要素

文化对于每个人来讲似乎是个很熟悉的概念，如儒家文化、玛雅文化、饮食文化、酒文化，甚至厕所文化、地铁文化等。文化似乎是一件万能的"魔衣"，任何生活琐事只要套上它就会显示出庄严的法相。但文化似乎又很陌生：我们不能像把握"苹果"这类物词一样来把握文化，因为文化在这个世界上找不到它的对应物；我们也不能罗列一些"性质"词来描述它的属性，尽管西安的兵马俑、北京的紫禁城、巴黎的罗浮宫、中国的筷子、西方的刀叉等都属于文化，但是文化也不是个集合名词，如果那样，文化便成为一个人类历史所创造的一切事物的杂货铺。

在英文中，文化表达为"culture"，是培育、种植的意思，暗指脱离原始状态。而在中文中，文化则是指"人文教化"，更侧重用共同的语言文字来规范群体的精神活动和物质活动，将其进行传承、传播并得到认同的过程。如上所述，文化实际上主要包括器物、制度和观念三个层面。而文化创意产品正是通过器物来体现制度和观念。文化创意产品是对现代主义设计和产品发展到极致进而形成千篇一律的国际风格的一种反对。产品的国际风格使整个世界呈现出高度的一致性，世界各地区固有的文化及生活方式正在逐渐消失。而地域文化及人们的生活方式是经过长时间的积淀形成的特定产物，是一种"记忆"和"文脉"，开始受到各地区的高度重视。人们重新审视世界文化与地域文化的关系，更多地关注本社会、本民族的社会文化意义，并将其注入产品中，从而在器物层面上引起对过去生活方式的一种记忆。将文化创意产业与传统制造业进行结合，在实用中融合文化，在传统产品的理性价值上增加更多的感性价值，从而获得更多的附加值。

文化创意产品中的文化要素主要包含两个维度。其一是纵向的历史性文化延续。历史性文化，即所谓的文脉，英文即"context"，原意指文学中的"上下文"。在语言学中，该词被称作"语境"，就是使用语言的此情此景与前言后语；更广泛的意义，引申为一事物在时间上与其他事物的关系。在设计中，刘先觉将历史性文化译作"文脉"，更多的应理解为文化上的脉络，强调文化的承启关系。文化创意产品中的文化要素能够满足人们对于过往的追忆，从而得到心灵的慰藉。这就如同当城市逐渐兴起，人们离开祖祖辈辈生活和耕耘的土地，住进单元公寓房。但是，人们没有忘记土地及耕种的生活方式，在阳台上总会有几个花盆，费尽心思地弄来土壤，种上花草，以及辣椒、黄瓜、丝瓜、小葱、大蒜等。这就是"种植文化"的残存，残留在人们的血脉中，一有机会就会发芽。其二是横向的区域性文化传承。20世纪后半叶，很多设计研究机构及设计公司开始从社会学科中寻找信息和方法，以找到用户与产品的联系，使产品能够传承特定区域的文化，能在产品中反映出特定区域相似的社会环境、文化背景、知识体系和生活经验等。

（二）创意要素

当下的信息社会、知识经济及文化产业，意味着人类生产方式的一次革新。人类创造财富的方式从过去依靠体力劳动逐渐向依靠脑力劳动的新劳动方式转变。同时，将文化、信息及知识视为重要的新生产资料，并把人类的创意看作经济前进的主要动力之一。文化创意产品正是在这样的背景下孕育而生的，因此创意成为其关键性要素。

创意在英文中表达为"creat"和"creativity"，所对应的汉语意思为原创性的、创造一种新事物，或提出相关的"点子""想法"和"理念"等。针对文化创意产品中的创意而言，文化创意产品主要是指依据文化进行创新思维的加工，设计和生产出满足消费者精神和文化需求的产品。所以，文化创意产品中的文化并不是对传统既有文化的一种照搬和简单的复制，而是通过一定经济意识对传统物质文化和精神文化进行再创造，从而适应现代人们的生活方式和审美情趣。

文化创意产品正是通过创意将文化要素融入功能与实用性中，成为可供使用和欣赏的产品。这里的创意与产品设计中的创意有所区别，它更侧重文化的创意。文化创意产品的创意，不单是满足产品的实用功能，更多的是以巧妙的设计、创新、灵感将文化融入产品感性形式及其使用过程中，使人们在紧张工作之余得以舒缓压力，增加工作和生活的乐趣。

文化创意产品中的创意并非凭空产生的，而是有其具体的来源，其主要来源有以下三个方面：

第一，来自对生活的关怀和理解。对生活的关怀和理解，包含亲身经历或个人感悟，或是对美好生活的想象，还有的是听别人叙述的故事、浏览的网页等，都会为文化创意产品的创意注入新鲜的养料。

第二，来自对社会的认知和理解。社会由具体的个人组成，社会也会以共同的价值观、流行风尚或者一种固定印象影响到每一个人，而每一个人对文化创意产品的选择无疑标榜了一种价值态度和社会阶层定位。因此，文化创意产品的创意必须建立在人们对价值态度和社会阶层的洞悉的基础上。

第三，来自历史的、地域的文化，表现为一种有关自然、地理、风土、人情的文脉，抑或是更进一步的精神层面的信仰、神话、传说等。

（三）体验要素

文化创意产品除了具有有形的价值以外，还具有无形的体验价值，它如同一幅油画一样，除了能够让观者产生视觉上的愉悦，还能获得某种体验性心理感受。这种体验性心理感受依据每个人的经历不同而有所不同，因此它具有潜在性和不确定性的特点。正是这种潜在性和不确定性增加了文化创意产品的魅力。

所谓体验，英文表达为"experience"，意指出于好奇而体验事物，感悟人生，并留下印象。这种心理感受能使我们感受到现实中的真实，并在大脑中浮现出深刻的影像，促使我们回忆起深刻的生命瞬间，从而对未来有所感悟。具体到文化创意产品，体验是指用户在使用产品过程中建立起来的纯主观感受，主要体现在以下四个方面：

第一，视觉冲击。视觉冲击是激发文化创意产品体验要素的首要环节。现今的设计越来越强调逻辑、科学和抽象的造型叙事表达，却忘记了通过视觉冲击来刺激大脑皮层，从而引发联想，促使相关的体验。

第二，功能自然。对于自然物而言，功能是与生俱来的，如水的功能存在于其本质的流动性和液态的天然属性，而树叶的功能在于其具有叶绿素，能进行光合作用。文化创意产品的功能是一种师法自然，以人在自然界中天然的"人—物"关系为基点，来展开文化的衔接和形式的生成。比如，在自然界中人有坐的需求，所对应的产品有千差万别的坐具，如凳、椅、沙发等，但无论哪一种坐具，都应该考虑到人自然放松坐的状态，从而昭示出自然坐的体验。

第三，方式合理。文化创意产品的使用方式是沟通产品和使用者的纽带。方式合理主要体现在要让人们能够读懂产品的操作，要和习惯性认识形成一种文脉联系，以便勾起对过往美好经历的回忆。

第四，内容切合。文化创意产品所附加的文化性内容通过叙事性的设计手法在产品的"移情"中得以实现，达到"抒情的创造和写意的表达"。同时，所附加的文化需要和产品的功能及使用环境的文脉相切合，使体验能够顺利地展开和生长。

（四）符号要素

象征是人类独有的行为，主要指用具体的事物来表示某种抽象的概念或思想感情的行为，它通过使用象征符号来实现象征意义的表达。创造符号是人类与动物的重要区别之一。正如卡西尔所说："人是符号的动物。"特别是在人类进入大众传播时代以后，以报纸、杂志、广播、电视、网络等为代表的现代大众传媒，运用先进的传播技术和产业化的手段，每时每刻向人们进行大规模的信息生产和传播活动，使我们的生活环境到处都充满着象征性符号。比如，某人穿了一身蜘蛛侠的衣服，这套服装不仅有蔽体保暖的功能，更重要的是它能表明着装者对该电影的热爱。

在现代传媒的推动下，产品的符号意义往往比操作、性能等与产品本身相关的内容更需要设计师去揣摩和挖掘。文化创意产品之所以能被冠以文化，是因为其应用产品的造型来表达一种文化内涵，从而使该产品成为承载该种文化的符号。

人与人之间的交流是通过语言、眼神、手势等来完成的，而物与人之间的沟通是通过符号产生的。人们在创造产品功能的同时，也赋予了它一定的形态。而形态可以表现出一定的性格，就如同它有了生命力。人们在使用产品的过程中，会得到各种信息，产生直观的心理感受及生理的反应。文化创意产品正是利用各种创意方法，创造产品形态和产品的使用环境，传达出一种文化。文化创意产品的符号，能够表达出以下三个方面的文化意义：

第一，对流行审美文化的符号表达。消费者通过文化创意产品的造型特征形成感性认识，从而产生相对应的知觉和情绪。在相同地域的同一时期，人们对美丑、稳重、轻巧、柔和、自然、圆润、趣味、高雅、简洁、新奇、女性化、高科技感、活泼感等流行审美文化有着相同的理解。消费者的这种感觉和情绪，也会随着社会文化的改变而变化。

第二，对消费者自身文化符号认同的表达。这种自身文化符号认同的选择，受到消费者自身学识、修养、品位等的影响，表现为一定的生活品位、思想水平和艺术鉴赏能力。而文化创意产品正是借助其与环境相互作用之后产生的特定含义，来满足消费者对流行时尚、社会价值观或者某种固定印象的追求。

第三，对历史文化、流行文化或是某种特定文化的符号表达。文化创意产品通过自身的叙事抒情，表达特定的情感、文化感受、社会意义、历史文化意义，或者仪式、风俗等与文化和意识形态相关的意义。文化创意产品的这些内涵，通过图腾、吉祥物、标志、特定图案等组合进行表达。

（五）审美要素

"美"可能是指一种感官的愉悦或生理的满足，也可能是一种赞赏心态的流露或个人趣味的偏好。而文化创意产品的审美更侧重后者，是人们物质生活水平达到一定高度之后，人类有目的、有意识地对"真、善、美"的追求。这种追求是以"感性"作为中介，脱离了那种基于物质与利害关系的理性判断，从而真正回归到关于生活意义和生命价值的自我意识的彰显。文化创意产品的审美要素主要包含以下三个方面：

第一，形式艺术美。文化创意产品的审美离不开感性因素，由点、线、体、色彩等构成了文化创意产品的形式。这些形式构成关系的艺术性，能够与观者内心深处的节奏、韵律、比例、尺度、对称、均衡、对比、协调、变化、统一等形成一种同构关系。这种直观感受与内心情感的同构产生移情，从而与消费者的趣味、审美理想相融合。

第二，功能材料美。文化创意产品的审美离不开功能材料的合目的性。诚如罗兰·巴特评价埃菲尔铁塔的功能与材料时说道："功能美不存在于一种功能良好结果的感受中，而存在于在产生结果之前的某一时刻被我们所领会的功能本身的表现中，领会一部机器或一种建筑的功能美，便是使时间暂时停止和延迟使用，以便凝视其造术。"文化创意产品的功能材料美，是产品给人的舒适感和心理满足。这里的功能材料美就与产品的功能实用性等物质层面相区别，是一种审美价值的表现。

第三，文化生态美。文化生态美不只是表现出人与自然的和谐，更体现着生活方式及社会生活的脉络与系统。文化创意产品的文化生态美主要植根于人们对传统的一种向往，如工业社会给人们带来的高速、效率及身心的疲惫，使人们希望能够实现对传统田园牧歌的回归，在审美的状态中回归人类的精神家园。

第三节 文化创意产品的创意与实践

在全球经济一体化、知识经济大发展的浪潮下，商品贸易竞争日益激烈。这种竞争逐渐由单纯的技术领先、价格优势等因素，转换为经济、社会、文化等综合因素的竞争。文化创意产品正是以"文化"为核心，突出对文化进行深加工并通过"创意"与现今的生活方式相结合，从而满足人们高层次的需求，达到在国际商品竞争中制胜的目的。我国具有丰富的"文化"资源。如何将这些资源转换为极具竞争力的文化创意商品？这就需要利用创意方法并经由一定的过程才能实现。

一、创意方法

"创意"是现今最为流行的话语，用来形容个体时侧重其思维方式和个人能力，用来形容企业时侧重其产品和核心竞争力，用来形容一个国家时侧重文化与精神的延伸。创造文化创意产品不能只是靠一些口号或者是设计师灵感的闪现，而是需要具体的创新方法，具体体现为以下五种：

（一）头脑风暴法

美国创造学家 A.F. 奥斯本于 1901 年最早提出该创造技法，又称脑轰法、智力激励法、激智法、奥斯本智暴法，是一种发挥群体智慧的方法。"头脑风暴法"必须明确而具体地列出思考的课题，同时在主持人的召集下，由数人至数十人构成一个集体，这些成员由专业范围较广泛的互补型人才组成。针对文化创意产品而言，一般包含的人员有文化类人才、创意类人才、营销类人才、生产制造类人才等。例如，所委托的项目是开发一款关于三峡的文化旅游纪念品。主持人一开始仅提出"纪念"这一简单、抽象的词汇，组员再进行讨论并提出意见，如"拍张照片""收藏当地的特色产品""在当地完成相关体验并留在记忆中"……然后，主持人给出主题开发一款关于三峡的文化旅游纪念品。组员们根据上面发散出来的想法，继续得出设计概念，如"收藏当地的特色产品"的想法就可以发散出：用三峡的鹅卵石通过手绘的方式，描绘三峡特有的风景；用三峡石制作三峡大坝的等比缩小模型；用三峡地域传统图案装饰具有实用功能的物品，如筷子、钱包、打火机、U盘等。通过头脑风暴法得到的设计概念，能够为具体的产品开发和造型提供相关的创意方向。

（二）联想法

联想法是一种依据相似、接近、对比等联系思维来进行创造的方法。比如，当感受到中国文化时，人们就会联想到诸如唐诗宋词、书法、文房四宝、神话信仰、茶道、自然地理、传统工艺等。这种方法很多时候需要依靠设计师的经验和直觉，但在文化创意产品的具体创作中，更为直接的方法是兼具相似、接近、对比联想的直角坐标组合联想法。这种方法是将两种不同的事物分别写在一个直角坐标的X轴和Y轴上，然后通过联想将其组合在一起，如果它是有意义并为人们所接受的，那么它将成为一件新产品。例如，要创意一款反映中国传统文化的文化创意产品，设计师就可以在X轴上写上青花文化、茶道文化、戏曲文化、神话传统、礼仪文化等，在Y轴上写上饰品、灯具、电子产品、玩具、生活用品、办公用品等。如果二者已经结合或者不太可能实现结合则用灰色表示，如果可以结合且市场上还没有此类产品则用红色表示，如果可以结合但实现较难则用深蓝色表示，这样就能一目了然地看出创意的可能方向，从而促进文化创意产品的创造过程。

（三）移植法

移植法发源于工程技术领域，是指将某一领域里成功的科技原理、方法、发明成果等，应用到另一领域中的创新技法。例如，鲁班发现带齿的茅草割破了皮肤而发明了锯子；美国发明家 W.L.贾德森发明的应用于衣、裤、鞋、帽、裙、睡袋、公文包、文具盒、钱包、沙发垫等上的拉链，目前应用于病人刀口的缝合，为需要二次手术的病人减少痛苦。

文化创意产品创意中的移植法，并不是一种科技原理的移植，而是一种情趣、意象、情感等感性成分的移植。比如，设计师对可爱文化有所理解，然后应用色彩、造型及材质将这种情感或是意象转移到具体的产品上，让使用产品的消费者同样也产生这样的感觉。

（四）设问法

设问法主要针对已存在的文化创意产品提出各种问题，通过提问发现原产品创意及设计方面的不足之处，找出需要和应该改进的地方，从而开发出新的文化创意产品。设问法主要有"5W2H 法""奥斯本设问法""阿诺尔特提问法"等。在文化创意产品设计当中，比较常用的是"5W2H 法"。

"5W2H 法"是从七个方面进行设问的。因为七个方面的英文首字母正好是 5 个"W"和 2 个"H"，故而得名，即 Why—为什么要革新、What—革新的具体对象是什么、Where—从哪些方面着手改进、Who—组织什么人来承担、When—什么时候进行、How—怎样实施、How much—达到什么程度。

同时，"5W2H 法"同样可以作为创新产品的设计方法，只是所思索和追问的问题有所不同，其字母的具体含义也不一样。在创新设计中，该方法的含义为：Why—为什么要进行这个设计、Who—什么人使用、When—什么时候使用、Where—在什么地方使用、What—什么产品或者服务、How—如何使用、How much—产品或者服务的价格是多少？对这七个问题的不断思索和回答的过程，就是对新产品概念不断形成的过程。

（五）模仿创造技法

模仿创造技法是指人们对自然界各种事物、事物发生过程、现象等进行模拟和科学类比（相似、相关性）而得到新成果的方法。所谓"模拟"，就是异类事物间某些相似的恰当比拟，是动词性的词。所谓"相似"，是指各类事物间某些共性的客观存在，是名词性的词。人的创造源于模仿。大自然是物质的世界，自然界的无穷信息传递给人类，启发了人的智慧和才能。对于要体现历史、地理、传统习俗等文化内涵的文化创意产品，常采用模仿的方式来进行形体的塑造。

二、创意过程

当我们接受一个新的文化创意产品的设计项目时，首先要考虑的是文化创意产品的概念问题。通常情况下，我们将开发新产品的概念分为文化产业衍生产品、文化生活用品、传统工艺品与饰品、时尚产品等。针对不同的产品，设计师将采用不同的设计策略和方法，但是文化创意产品的创意过程是一致的，一般包含以下五个步骤：

（一）认识问题，明确目标

在文化创意产品设计工作中，通常会遇到这样的情况：随着设计的开展与深入，大量的信息和问题就会随之而来，而这些问题让你无从下手。所以，我们必须在设计一开始，就要弄清楚创意产品存在的问题及问题的组成和结构。

要弄清楚上述问题，必须将其放置于"人—产品—文化—环境"这一系统中。这个系统中主要涉及人的文化与审美需求，产品如何承载文化及承载什么样的文化。而系统中的"环境"主要包含产品系统环境及社会人文环境。只有在这个系统之内考虑文化创意产品的设计，才能完全确定设计问题的存在形式，进而明确设计目标。

（二）设计研究，分析问题

进行设计研究、分析问题，设计市场所需要的文化创意产品，是每位设计者都清楚的流程。设计活动不是封闭的自我包含的活动，而是在市场竞争中，由设计师在综合人、市场竞争、产品机能、审美、社会文化等诸因素进行编码，然后在市场销售中由消费者进行解码的符号性活动。而对于文化的编码必须站在消费者认知的角度进行，所以要应用创意方法将文化的内涵与当代的生活方式、审美情趣、文化心态相结合。

设计的成功与否，关键在设计师的编码和消费者的解码过程是否统一。如果消费者能够在文化心态和审美趣味等方面认同产品，那么这个设计是成功的，反之则是失败的。要使设计取得成功，设计师就必须站在消费者的角度对文化创意产品的诸要素进行分析，力求在设计中将要涉及的问题分析透彻，做到心中有数。

（三）概念展开，设计构思

在设计研究和分析问题的基础上，设计师会针对存在的问题提出解决问题的各种设想。这种提出解决问题设想的过程就是设计想法产生的过程。设计师对设计进行构思的想法越多，获得好的文化创意产品的可能性也就越大。在设计过程中，设计师往往借用一定的创意方法，利用草图展开自己的设计构思。这些草图有以下设计表达方式：

利用草图进行形象和结构的推敲，将思考的过程表达出来，以便设计师之间进行交流及后续的构思、再推敲和再构思。

草图更加偏重于思考过程，一个形态的过渡和一个小小的结构往往都要经过一系列的构思和推敲。而这种推敲单靠抽象的思维是不够的，还要通过一系列的画面辅助思考。

草图的表达大都是片段式的，显得轻松而随意。但是，针对文化创意产品设计而言，构思需要图解为三个层次，即创意概念构思、象征符号构思和感性审美构思。

1. 创意概念构思

从整体的角度检视轮廓、姿势及被强调的部分，主要是看对于所理解的"文化"是否通过色彩、形体、线条等得以表现；通过用创意方法，"文化"与当下"生活方式"是否得到了很好的结合；在设计研究阶段所遇到的设计问题是不是得到了良好的解决。如果对于以上问题的回答都是肯定的，那么该设计方案就对设计概念进行了很好的诠释。

2. 象征符号构思

在创意概念的基础上，对设计所采用的具体设计元素进行符号化的加工，站在消费者对符号解读的基础上，进行符号设计的创造并融于创意概念中。具体而言，象征符号构思就是审视立体的成分与面的构造来决定物体的特征性及图样，表现出体量感，以便进行细致的构思推敲。

3. 感性审美构思

最后一步是对文化产品的视觉方面进行处理，应用形式美的法则和审美流行趋势对表面的精致线条、配色、质感等进行处理，精心处理产品的细部，展现设计创意的魅力，使整体达到最佳的效果。

（四）设计展示，设计评价

一个设计项目在经过了概念展开和设计构思之后就是对设计进行展示。设计展示是要将一个完整的设计呈现在大众的面前，要能够充分展示设计创意。而设计评价是指在设计过程中，对解决设计问题的方案进行比较、评定，由此确定各方案的价值，判断其优劣，筛选出最佳设计方案。设计评价的意义在于：首先，通过设计评价，能有效地保证设计的质量，而充分、科学的设计评价能使我们在众多的设计方案中筛选出满足目标要求的最佳方案；其次，适当的设计评价能减少设计中的盲目性、提高设计的效率。在文化创意产品设计中，设计评价有以下三个特点：

1. 评价项目的多样性

文化创意产品设计涉及的领域极广，考虑的因素非常之多，较一般产品设计更不简单。因此，在设计评价的项目中，必然要包含更多的内容、涉及更多的方面，特别是对于文化性、创意性、体验性、符号性、审美性等指标要重点考虑。

2. 评价判断的直觉性

由于文化创意产品设计评价项目中包含许多审美性精神或感性内容，在评价中将在较大程度上依靠直觉判断，即直觉性评价的特点较为突出。

3. 评价结果的相对性

正是由于评价中的直觉判断较多，感性和个人经验的成分较大，文化创意产品设计的评价结果较多地受个人主观因素的影响，特别是评价者自身的文化背景和价值取向很容易影响到评价的结果，更具相对性，这是值得重视的。

在通常情况下，我们可以根据多个个人评价的数值形成坐标进行分析和评估。评定标准中的每一项满分为 5 分，围成的面积越大，则该方案的综合评定指数就越高。

（五）模型制作，生产准备

模型的制作在形态上要求有真实产品的效果，因此产品各部分的细节要表现得非常充分，使设计师能更有效地在产品细部方面做进一步推敲与修改，有利于设计概念的进一步完善，同时为后续的数字模型的生成提供参考，以便最终投入实际的生产。当然，有些纯手工制作的文化创意产品是不需要这一步的，而是在创意定稿以后直接进行生产。

第五章 多维度文化创意产品的开发设计研究

第一节 传统文化元素与文化创意产品设计

市场上文化创意产品种类繁多，各具特色。从广义的角度来说，与文化有关且被某些群体所认可的创作，均可以称为文化创意产品。狭义上则是指附带传统文化符号的商品。传统于现代设计而言，是一个包含关系——"你中有我，我中有你"。所以在现代设计中，将传统文化元素加入现代创作理念是非常有必要的，只有梳理好二者的关系，才能协调好传统文化元素符号与文化创意产品设计之间的关系。

一、传统文化元素符号的应用原则

（一）区域民族性原则

民族地区的文化传承一直以来都是一个值得深入探讨的问题。对文化创意产品的开发，能够促使区域民族文化不再成为少数民族的"私产"，对原有封闭、落后的民族地区是一种有效的激活方式。能够改变在一定的时间和空间范围内自己内部所享用，为本乡或本族的普通百姓服务的生活所需的模式，将原先的乡土性质进行提升，突破随民俗生活自然传习的惯性并打破时空的界限，作为文化创意产品被他族的人群所接受。作为"自用"功能的延伸，传统文化元素符号与文化创意产品的结合，是民族文化在"他用"中的体现，推动了文化的传播，消除了对民族地区原有认知上的"神秘感"，也孕育出文化内部新的动力和融合。文化创意产业的发展对民族地区的文化传承具有极大的推动作用，也为原有的自然发展提供了一种新的途径，民族地区的"物质产物"不再是孤立的，为服务小群体而存在的，而是以一种产业化、商品化的表现形式展示出来。而传统文化元素符号是伴随文化创意产品的发展而发展，二者属于伴生关系，相辅相成。融入具有特色的传统文化元素符号已经成为文化创意产品设计的灵魂与核心，其独特的性质及功能，也符合现今文化创意产品的设计。

（二）认知性原则

从起初的"师法自然"到"和谐共生"等思想，都体现了生命与自然之间的共性，共性的特点贯穿着文化创意产品的始终。传统文化元素要经过选用、提取、再造、组合等步骤才能应用于文化创意产品上，这个过程的首要任务是对传统文化元素符号的本身进行认知，对文化内涵进行分辨。

而这个认知关系也构成了功能与形式二者之间的平衡。二者之间的强弱关系也会如"蝴蝶效应"一般，影响人们对于文化创意产品的不同审美需求，也造就了如今极致的简约和繁复的奢华这些不同的审美态度并存的局面。

（三）审美及指示原则

1. 指示功能

传统文化元素符号在文化创意产品设计中起到了重要的作用，因为在使用传统文化元素符号的过程中势必会传递某种信息和寓意。在一定程度上，传统文化元素符号是文化创意产品的附属品。设计师将传统元素应用于文化创意产品中不仅要传递元素的信息和寓意，还要用这种"隐喻、象征"的艺术手法，来加强产品及产品之间的物与物的联系。元素符号之所以能传递寓意，是因为文化创意产品本身就是一个文化符号系统，是具有表现与语言等功能的综合系统。

2. 审美情感功能

美学家克莱夫·贝尔（Clive Bell）在《艺术》一文中指出："一种艺术品的根本性质是有意味的形式。"传统元素符号作用于文化创意产品的设计中，就是一种有"意味"的设计方式，这种方式在某种程度上满足了受众的心理需求，还满足了其情感需求。另外，传统元素符号中的审美情感和艺术审美功能在某种程度上又是相同的，能够影响人的情绪，让人产生美的享受与感动。

二、传统文化元素符号在应用过程中所面临的问题

（一）"文"与"创"的不平衡

上文提到目前市面上的文化创意产品的种类繁多，表现形式也多种多样，从而也出现笔者标题上所提到的"文"与"创"的不平衡。有些文化创意产品中仅应用了"文"的含义，载体中也是在"文"这个特点上处处做"文章"，将各种类型的元素糅杂在一起，随意排布。这种表现形式从表面来看虽无瑕疵，但细品之下，"文"堆积过多的文化创意产品与"文""创"均衡的产品，就相差万里。同样，仅有"创"的产品亦是如此。

（二）"形"与"意"的不均等

传统的元素符号在应用的过程中是为了吸收它的"形"，借助产品的外观来表达它具有的"意"。只注重"形"而忽视"意"或对"意"凭空想象，及胡乱表达的产品是不合理的。而只重寓意的文化创意产品也是没有支撑点的。现在所流行的部分产品中，重寓意而轻形式的产品不在少数，相当一部分人只是单一理解产品中所表达的寓意，而放弃了对传统元素形式的追求。在对某一传统元素进行元素提取时，我们应该考虑它背后的"故事"，如文化禁忌、文化搭配等。

三、解决的方式

现今的社会环境为传统元素文化符号与文化创意产业的结合提供了良好的条件，开辟出一块新的土壤，可以让传统元素文化符号在文化创意产品的设计中寻找出一条新的路径，从而复兴优秀的传统文化。

（一）产品符号的再造

我国具有深厚的民族历史，而伴随民族历史而生的则是民族文化，浓郁的民族文化可以让我们在文化创意设计的过程中"底气十足"。乌丙安先生曾在《非物质文化遗产保护理论与方法》中谈道："天上有多少星星，人间就有多少手艺绝活。"传统元素文化符号应用于现代产品设计中，需经过一个再造的过程，这种再造的艺术手法又分为两个方面：一是精神层面，着重指的是通过重塑心境进而对人的精神面貌和心智产生影响；二是物质层面，直接对传统本身的某些结构进行重构，形成一种新的物体。这种再造的方式，赋予了产品"生命的活力"，在保护了文化元素的传统性的同时，也进行了创新，提升了产品的综合实力与特色。

（二）材质的选用

除此之外，对材质的选用也是至关重要的。在现代设计中，虽然有新技术的介入，但是运用新技术的艺术手法来替代原有的传统技艺进行文化创意产品设计，会让传统的优势变得黯淡，对传统文化符号的方向性产生极大的非议。但从另一个角度来说，新型材料也给传统工艺带来了许多创新的机会。工业化大生产的出现，并没有让传统工艺就此行将就木，反而促进了传统工艺的发展。在发展到一定程度时，事物本质会发生变化，引发人们的思考。这种变化对于我们来说，可以界定为传统与现代的交融，两者相互联系，在矛盾中产生新的作用，让原有的"枯燥无趣"转为"生动活泼"。

（三）"一物一心"即匠心

何谓工匠精神？纪晓岚曾言："心心在一艺，其艺必工；心心在一职，其职必举。"意思是如若想把自己所从事的事业做得完美，就得倾尽自己的精力，不气馁、不放弃，才能超越梦想、成就辉煌。秋山利辉在《匠人精神》一书提到"一流人才育成的30条法则"，指出"培养一个人从技艺到品行所要的一切"。工匠精神渗透在生活与生产，以及设计中的每一个环节，并且形成了所独有的文化及精神内涵。而在文化创意产品设计中，工匠精神的呈现在于对文化创意产品的外观设计精益求精，对文化创意产品的附属品传统元素的提取后精雕细琢。每个时代都有独特的追求，但工匠精神的"精益求精，精雕细琢"的理念一直是不变的。

"创新"一词是指对材料、工艺、造型等要素的全新探索，是对文化创意产品的一次"革命"。抱着对传统文化信仰的坚守及背后承载的文化与精神的敬畏和传承之心，出现了"创新"。但真正的工匠精神，又是慎谈创新的。对于传统的认知和坚守越深入，对于创新的理解和探索也就越慎重。每个时代都存在不同程度的属于自己的"创新"风格样式。这种"创新"，一定是植根于传统与现实需求的"摹古酌今"。

传统文化元素符号的本身是一个不断变化的过程，我们看待传统，吸收传统也需要用辩证的眼光去看待，并不是所有的传统元素符号，都是可取的或可被利用的。对于这些传统文化的至宝，作为现代继承者的我们，应该辩证看待传统元素符号，取其精华，去其糟粕。将传统进行剥离，取用可行之物，应用于文化创意产品设计中，才是正确对待传统，尊重传统。而不是单纯地将传统文化元素进行罗列、扭曲。

第二节　多感官体验与文化创意产品设计

一、视觉感官设计应用

相关调查显示，在五种感觉中，视觉产生的感受比例为占 37%，居于首位。因此，一个好的文化创意产品首先应该在视觉形象上抓住消费者的眼球，这样人们才有可能进一步了解它，感受其更深层次的丰富体验。而视觉中包含色彩和造型两大主要内容。

（一）视觉色彩的应用

色彩作为无声的有力力量，能够潜移默化地影响人们的心理，不同的色彩搭配会传达出不同的情感思想。在文化创意产品中，如日本文化创意品牌熊本熊的形象就生动地诠释了色彩对消费者购买欲望的重要作用。设计师为突出熊本县特色，在熊本熊身体上使用了熊本城的主色调黑色，并在两颊使用了萌系形象经常使用的腮红。而红色也象征了熊本县"火之国"的称号，它不仅代表了熊本县的火山地理，也代表了当地特有的红色食物。全身大面积的黑色突出了脸颊上的腮红，将熊本熊的憨厚可爱形象放大，深受人们的喜爱。如今，在各大商场、服装上都能看到熊本熊形象。

（二）视觉造型的应用

造型形态是文化创意产品设计的重点之一，通过精准的形态塑造，生动的线条形式，对消费者产生强烈的视觉冲击，并带来舒适的视觉体验。以 2008 年奥运会五福娃为例，五个吉祥物均采用圆弧线作为基础造型单位，将各具寓意的装饰图案作为头饰，在和谐统一中又不缺失各自鲜明的特点，五个福娃的造型与所要表达的意象达到了视觉上的统一，形成了一个整体，满足了受众对于系列吉祥物整体感知的需要。所以，文化创意产品设计应遵循一定的完形规则，受众将产品各个造型看作一个整体。各部分的造型要素要符合受众的期待，使造型所呈现的创意得到完整、全面、有层次的解读。

二、听觉感官设计应用

视觉感官体验在消费者购买商品时占据着主导地位，但相关研究表明，听觉感官同样具有重要的影响作用，所占比例达 41%。换言之，在色彩之外，人们对美妙或是响亮的声音也会加以留意。然而，目前国内的包装市场仍集中在视觉感官设计上。因此，如何充分利用听觉的感官特性、增加感官刺激，使人们对产品的体验更加深刻，是文化创意产品设计中值得思考的重要问题。

（一）听觉包装

听觉包装可以是产品附加的背景音、简短的宣传语，或是使用过程中发出的特殊音效，它们的作用通常是加深人们对该产品的认知与印象。这类包装方式多存在于儿童玩具和部分电子产品中：儿童对新鲜事物充满好奇心，在儿童电子乐器上常会有各式按钮，在按下时发出有趣的旋律。

此外，听觉包装也可以是通过产品本身结构的设计或特制材料的运用，使其具有独特的音效，并以此形成品牌独有的听觉识别元素。例如，旋开可乐瓶时，由于碳酸饮料的特性，气体涌出瓶外发出的"咻"的声音已经成为独有的一种听觉识别元素。又如，用特种纸张印制的书籍，在翻页时会发出较大的声响，以此吸引读者的注意力等。

（二）视觉与听觉相结合

当产品的造型与包装已经达到良好的视觉效果时，通过材料、结构的进一步细化，让用户在使用时，产品发出高质量、舒适的声音，给予使用者不同的感官体验。在"未来折叠：今日未来"展里有这样一则名为"红山实验 2.0"的展品，将大地的脉动形态投影到展馆中央的球体上，同时又与声波变化相结合，使参观者身临其境，切身感受整个过程的跌宕起伏。相较于纯视觉传达，这种沉浸式的体验能给予人们更多的满足感，同样也适用于产品与包装的设计。这是一种更能满足消费需求的设计趋势。

三、触觉感官设计应用

在五种感官体验中，触觉体验所占的比例相对较小，占 25%。触觉感官影响力较小的一部分原因是需要实际接触产品才能产生，但其依然是使用体验中的重要一环。

（一）触觉包装

触觉包装主要与材料的质感、纹路、肌理、软硬度以及整体造型等相联系。

所有的物品都有特定的构成方式，而不同的材料与造型会给人们完全不同的触觉感官体验。随着科技的发展，包装的形式已经不仅仅局限于使用传统的工业材料，许多新型材料被陆续运用到产品包装上。比如，目前市面上许多家电外壳开始尝试运用布面、木头纹理的表面材料，这增强了外观的多样性，也给予使用者更多的选择。

（二）视觉与触觉结合

材料的各种属性及产品包装的造型是可视的。例如，酒瓶是磨砂还是光滑、收音机是棱角分明还是圆润，首先会给予人们视觉上的不同体验，接触它们的时候又能刺激触觉上的感知，二者共同影响，加深使用者对这个产品的印象。例如，布面、木头纹理给人更加柔和而温暖的视觉效果，在触摸时也没有金属那样冰冷的感觉。因此在设计过程中，可以同时考虑这两种感官体验特点，让使用体验更加多元化。

四、嗅觉感官设计应用

气味是一种比视觉画面更有张力的记忆形式，并且比视觉记忆停留更久。气味不仅能营造氛围，而且气味的再现能调动用户的嗅觉感受，使用户很快回想起过去的特定场景，引起用户的情感共鸣。利用嗅觉感官可以建立起气味和品牌、文化之间的联系，让文化创意产品带给用户更深刻的体验。

（一）现有的嗅觉运用方式

直接运用到嗅觉感官的一类文化创意产品是香氛类产品，液体香氛、固态燃烧香等产品本身带有气味，气味就是该类文化创意产品的主体。另一类是本身无气味，但通过熏香加上与产品同主题气味的产品。例如，在古风类文化创意产品熏以古朴的东方木质香，通过这种气味和古风意向的关联带给用户深刻的体验。同样，以日本书店 MUJI BOOKS 为例，它和其他门店一样，努力传达"生活美学"的概念。在书店中，香氛机始终工作，释放自然精油香气，同时在用户购买的产品中也会萦绕这种气味，这种气味的体验以一种不张扬的方式将文化、价值观传递给用户，并且具有较长的持续时间。

（二）嗅觉在文化创意产品中运用的未来展望

日本已经研制出一种能够记录及复制各种味道的仪器，可以做到再现玫瑰的馥郁、香蕉的甜腻，甚至各类刺鼻气味。这为文化创意产品中大量运用嗅觉元素提供了可能。通过气味监控、气味制造、结合 App 和留香材料，相信在 5 ~ 10 年内，气味记忆将和现在的摄影留念一样，不同特色的气味可以被保留，可以在朋友之间传递，可以与更多的人分享，成为一种流行的保留回忆方式。利用嗅觉相关技术的文化创意产品将具有更强的传递文化、分享城市印象的功能性。

五、味觉在文化创意产品中的应用

味觉主要在食品类文化创意产品中出现，在一些前沿的食品包装设计中，用视觉插画或是特制材料体现食物口感，已经是一种成熟的多感官运用方式。

圆润的食品包装会让人联想柔和的口感，棱角分明的包装则与刺激的口感匹配；低饱和度的颜色对应清淡的口味，鲜艳明亮的颜色则对应浓郁的口味，这是长期以来人们习惯的、下意识的预期联想。这种视觉和味觉上的对应可以应用于文化创意产品营销，因为大多数人认为图形比文字更直观，当用视觉形象做包装来表现文化创意产品口感时，会比文字描述更引人注目，更容易吸引消费者，给其留下深刻印象。

此外，味觉记忆能将进食行为与周围的物质环境形成相对稳定的意象联系，将味觉纳入文化创意产品设计能将个体生命记忆纳入社群记忆（城市文化、印象、价值观）中，给消费者更深刻的体验。

城市文化创意产品产生的目的主要是传递城市文化，增强用户的记忆和情感体验，而多感官文化创意产品的核心竞争力在于"体验感"。充分调动"五感"的产品，能和用户本身有更多物理互动和情感交流，比单一感官的产品更具趣味性和人文关怀，是市场的大势所趋。

第三节　色彩文化与文化创意产品设计

色彩是人类探索世界、认识世界的一个独特窗口，是绘画、设计和审美的重要因素之一。早在河姆渡时期与仰韶时期，我们的祖先就开始使用植物与矿物的颜色来记录他们的生活。从人类文明史中可以发现，任何一种心理模式的出现都源于一种文化根源。生活中的一些色彩现象折射出丰富的文化意味，形成了独特的色彩文化系统。中华文明源远流长，传统色彩文化熠熠生辉，宝贵的色彩文化资源对现代文化创意产品的设计研究具有重要的现实意义。

一、融入中国传统文化思想的色彩观

人类对色彩的感知是多维度的，主要通过人体的视觉系统、色彩的文字意义，以及一些物理现象来认识与重构色彩。中国传统色彩源远流长，从原始先民们的单色崇拜，到开始使用石绿、朱砂等，至虞舜时期五色体系的形成，中国人民的色彩审美在漫长的民族文明中不断演进。中国古人对色彩的使用具有精神性，与西方理性分析光谱与色谱有所不同，中国对于色彩的认识基于感觉系统，是一种文化性阐释。在中国传统文化中，将"色彩"与"物体""方位""动物""季节"进行直接的指代，产生某种颜色可以代替某种形象的文化概念，这是中国传统色彩观念的语言性体现。这充分说明，中国人的色彩审美精神性极高，不仅是空间、时间等因素结合的产物，更是追求情感、时空、物质之间关系的表现。

中国传统色彩观念富有浓郁的封建情结，李广元曾在《东方色彩研究》一书中指出，自封建社会确立之后，色彩的本性便失去了原始色彩这个最终保护地。中国传统色彩形态开始走向精神领域，随着人们色彩自觉性的提升，显在的色彩活动逐步取代人类自觉的色彩形式，色彩本能成为人类思想上的沉积。于是中国古人的色彩意识由原始自发色彩象征逐渐转入精神层次的自觉色彩象征。

儒家思想曾是我国古代的主流意识形态，在文化思想上以其博大精深成为我国传统文化的精髓，同时在艺术审美上展现了中国传统色彩美学思想的包容与含蓄的特性。从汉武帝时期的独尊儒术开始，以孔子为中心的儒家思想影响着历代中华儿女。儒家文化已经内化为一种人文品格。儒家十分注重中国传统色彩文化，探寻颜色的精神象征，将传统五色与"仁、礼、德、善"思想体系相结合，其论著中常常借色喻理。例如，孔子曾说："恶紫之夺朱，恶郑声之乱雅乐。""郑声"是民里的俗乐；"雅乐"是朝会的正乐。按照五色学说来看，"朱"为正色，"紫"为间色，"紫夺朱"无异于"郑声乱雅乐"。孔子以正色与间色的关系来比喻社会中对"礼"秩序的破坏。儒家的色彩观受古人五色观影响很大，主要是为了维护周时建立起的色彩制度，强调"礼"的规范。从传统的服饰文化中便可看出，我国各个朝代都有色彩偏好。例如，秦始皇崇尚黑色；汉高祖喜爱赤色；隋朝高官多着紫衫白袍；唐朝规定黄色为皇家用色，庶民不得以赤黄为衣；宋代崇尚紫色；清朝以黄色为贵，这种偏好大多源自统治者对于色彩的喜恶。君与民的用色之分反映了人们对于"礼"的推崇。儒家的另一种色彩美学思想是以色来暗示美德，即"比德"。我国经典的戏曲文化中对此有所体现，善于用单纯、夸张、鲜明的脸部色彩来展示人物的面貌，不同颜色的脸谱暗示着不同性格与品德：红色象征忠勇、黄色象征勇猛、白色象征阴险狡诈、黑色则表示刚直不阿，戏曲中的色彩具有塑造"典型人物形象"的良好作用。这种典型的儒式色彩审美将传统色彩进行社会化，具有伦理道德性，在现代社会生活中仍具有"寓褒贬、别善恶"的社会教化功能。

二、色彩文化在文化创意产品中的应用

目前文化创意产品作为文创产业的重要载体和表现形式，成为地域文化产业发展的中坚力量，是区域政治、经济文化的显性呈现。由于当前国内文化创意产品的发展以实践为主，缺乏相应的理论支撑，导致在文化创意产品的开发过程中出现形式过于雷同、用色不慎考究、实用功能差等现象。文化创意产品中文化内

涵的缺失是问题产生的重要原因。2019年，"中国传统色彩学术年会"在北京举行，中日的两国30多位色彩专家和多位传统色彩爱好者围绕不同的中心议题，对色彩的观念、色彩的历史、色彩的应用以及颜料的制作等方面展开讨论，对中国传统色彩的研究上升了一个新的高度，在弘扬中国传统色彩与中华传统文化的同时，为国内现代文化创意产品设计行业提供了理论支撑。现代文创产品的色彩研究应该注重传统色彩的现代转化，注重色彩设计的隐喻性及功能性，这样才能更好体现出文化创意产品的独特性与文化性。

（一）注重传统色彩文化的现代转化

传统色彩在现代文化创意产品中的应用不应该是盲目的"拿来主义"，进行科学的选择与有效的现代转化才能更好地迎合现代消费者的需求。目前，文化创意产品设计大致有三种类别：一是对文物的高仿再造，这种类型的产品需要工艺与技术的支持，创意稍弱，如故宫博物院文创旗舰店的"云山墨戏图卷"的复制品；二是创意衍生品，是将参照物中的符号进行嫁接，利用现代数字媒体技术制作出的文化创意产品属于这一类；三是属于产品的再创造，是将原有图形元素进行重新组合，打造具有产品特征的全新视觉形象，如印有青花图案的系列餐具、从古代服装配饰演变来的创意挂饰等。以上这些方法是寻找传统文化与现代生活的结合点，取其精华，通过对已有事物进行"陌生化"处理，架起传统与现代的桥梁。

首先，应充分考虑传统色彩的性格特征，依据产品的特点选择合适的传统色彩。近几年关于国家博物馆的文化创意产品层出不穷，如台北故宫博物院的文化创意产品出类拔萃，将文物的文化符号从形态层面到精神层面进行了概括与融合，与时代接轨，创造出一种自身特有的文化创意产品设计风格。

其次，在配色过程中要注重对色彩的重新组合与合理搭配，如改变传统色彩在产品中的比例与面积，在视觉上构成全新的色彩意象。台北故宫博物院一款名为"双连油醋瓶"的文化创意产品，设计灵感来自清乾隆年间的粉彩开光花鸟双连瓶。设计师在原有文物的配色中取色，将色彩进行整合，简化色彩的数量，采用蓝色与白色。通过对瓶身原有形态的保留与改变，使创意产品既具有传统美感又不失现代生活气息，将原本是帝王书斋里的珍玩，设计成现代餐桌上的调味瓶。如果设计师按照文物原本的图案与色彩进行复制，得到的产品则会略显陈旧。通过对传统色彩的重新组合，一个以白身描蓝边，另一个以蓝身描白边，两个瓶子搭配在一起，透露出独特的东方之美，既有历史文化印记又有现代生活情趣。

最后，要充分考虑传统色彩属性与产品之间的联系，必要时可适当调整色彩的属性。中国古代传统色彩在使用上重精神而轻形式。西周时期，统治者将五色定为王室、宫廷使用的正色。为了凸显皇权的尊贵和显赫，皇家用品配色一般都以鲜艳为主，搭配金银色为装饰，这种审美趣味一直延续至今。例如，故宫博物院文创旗舰店推出的一款名为"有凤来仪"的杯垫套装产品设计。产品的图案设计灵感来源于清代点翠凤凰纹头花，是一对回首凤凰，色彩以黄、红、蓝为主。以传统金线勾边，按照翠羽、宝石的颜色调配出近似色，利用现代的微量射出工艺进行色彩填充。整个产品线条流畅、色彩华丽，透露着宫廷用品的古法韵味，使故宫文化不再停留在馆藏文物的展品序列，而是采用现代的方法把东方文化进行转换并传播出去。没有生硬地照搬传统清朝宫廷用色，而是将传统色彩进行纯度与明度的提升，将原本沉闷的历史文化转化到亮丽的色彩表现和造型上，实现历史文化传播的同时，体现出现代设计的时尚气息，很好地将传统色彩进行了现代转化。

（二）注重文化创意产品色彩设计的隐喻性

文化创意产品设计的本质是物的文化设计。在进行文化创意产品色彩设计的时候要注意色彩中蕴含的文化隐喻性。著名学者阿恩海姆曾说："色彩能够表达情感，这是一个无可辩驳的事实。"色彩之所以具有一定的象征功能，是以一定的传统文化为背景的。中华民族崇尚红色，红色具有热情、喜庆、吉祥等色彩寓意，所以红色在中国人心目中具有特殊的情感指代和审美象征意义。节日喜庆要用红色来做装饰；新娘要穿红色礼服。在文学中也不乏对于红色的喜爱，人走运了称为"红运"；将美丽的女子称作"红颜"；受人喜爱，得到重用的人称为"红人"，等等。这种色彩倾向自古就有，相传神农氏自封为炎帝，炎者红也；刘邦兴汉后自称"赤帝之子"，这些是红色的类比运用。受众的审美取决于环境的感染、文化的熏陶，甚至是宗教的影响等。在进一步的研究中，我们还发现古人常用颜色的视觉感受指代人物形象，如民间有"女红、妇黄、寡青、老褐"的称谓。这些富有颜色性的词语实则指代不同年龄段的女性，通常用穿红戴绿来表现少女的形象；用黄衣或黄巾来表现少妇；孤寡者以着青色显示肃穆；老年人则用储墨或褐色来表现，采用人们对"红、黄、青、褐"颜色的视觉来表现具体生活形象。如此一来，颜色被赋予了其所不具备的概念，产生了象征意义。

故宫博物院有一款名为"万紫千红便笺纸砖"的文化创意产品。其创意灵感来自故宫博物院藏的清代画珐琅团锦花纹盖罐，此文物通体白釉画珐琅彩花，颈部、腹部及盖子上描绘着大小各异的团锦花纹，具有很强的艺术感染力。设计师借传统色彩之形，取传统色彩文化之意，将美好的寓意寄托在产品设计中。在注重产品色彩美观性的前提下，大大提升产品的格调，深受消费者喜爱。

中国色彩文化与传统文化密不可分，是我国人民审美意识的集中体现与表达，透露出中国式的思维与逻辑，具有地域特性。现代的文化产品设计行业需要创新，不仅要紧跟国际潮流，也需要注重本土化发展，从中国的传统文化中汲取营养。研究传统色彩是对我国传统文化的继承与弘扬，不仅便于设计师进行设计创作，也使购买者更好地解读中华传统色彩语言，可以更好地构建具有中国特色的产品色彩设计体系。

第四节　仿生设计与文化创意产品设计

在社会不断发展的今天，人们对文化生活的重视程度逐渐提升，文化创意领域的产品设计水平也不断发展，将文化创意产品中的设计元素与仿生设计内容相结合可以有力增加文化创意产品的自然属性，更贴合现代人的生活需求，容易激发受众的认同感，对文化创意产品设计具有重要的价值和意义。

一、仿生文化创意产品的现状

随着人们生活水平的不断提高，大家对文化旅游、创意设计等方面的兴趣越来越浓厚。但是目前的仿生文化创意设计图单一，不具备灵活性。文化创意产品设计的主要原则是在融合原本的文化元素之外，创新设计更高层次的文化产品。不过，当前市场的文化创意产品只是将众多的设计元素拼凑组合，在仿生设计部分缺乏独特性。比如，只是将仿生设计与明信片等产品单一结合，或者完全仿照某种生物制作工艺品，缺乏自身的独特性。

二、仿生设计在文化创意产品设计中的应用

（一）形态仿生设计的应用

形态仿生设计，是指在文化创意产品设计时通过简化或者模仿生物体的外部特征，利用艺术的处理手法将该要素应用于文化创意产品设计中，主要包含三个方面。

1.具象形态仿生

具象形态仿生是利用自然界中的各种生物外形，采取变形、夸张的艺术手法，相近地展现事物的形态，实现吸睛的视觉效果。在文化创意产品设计中运用仿生原理可以提升文化创意产品的创新力与创造性。因此，可以将这种设计理念运用在一些文化创意产品中，如将自然界中的花、鸟、鱼、虫等元素的外部特征与手机壳、钥匙扣、杯子的形状相结合。

2.抽象形态仿生

抽象形态仿生指以事物的外部形态为基础，加以总结提炼，通过变形、夸张的手段，对仿生对象的形态特征加以利用，使其高于本身的自然形状，做到"神

似而形不似"，运用于产品的设计中，如某设计师设计的墨竹挂钟。古人常常以"宁可食无肉，不可居无竹。无肉令人瘦，无竹令人俗"表达竹子在国人心中的地位。这款挂钟的钟面是我国著名山水画大师绘制的墨竹作品，指针设计成竹叶的形状，随着时间流逝，竹叶巧妙地与表盘中的画作融为一体，俨然成为墙上的一幅墨竹画作，而表框变成了画框。拥有这种仿生时钟，抬头间仿佛感受到微风与月光相互交错下的竹影，将竹子的抽象形态传递给受众。

3.意象形态仿生

意象形态仿生是结合事物的形和意方面的因素进行设计，使文化创意产品不仅具有自然的视觉效果，还具有寓意与象征。意象形态仿生设计的重点是将事物外形与产品之间的隐藏联系进行深刻剖析，在对比中建立仿生对象与文化创意产品设计之间的关联。比如，在推出猫形吉祥物时，设计理念在利用猫的外形之外，还引用了猫吉祥招财的寓意，将文化创意产品做到神形兼备。其中，招财猫举起的左爪和右爪分别代表招福、招财。

（二）结构仿生设计的应用

结构仿生设计是从不同的角度找到事物与文化创意产品之间的关联，将其融入产品的设计中。在产品仿生设计中，一般将植物的茎叶、动物的肌肉、骨骼结构，甚至是自然景观的细节纹路融入产品设计中。比如，海洋馆中售卖的由贝壳托起的水晶球产品，水晶球中的岩石以及外部的贝壳纹理细致。又如，杭州雷峰塔景区推出的冰箱贴、钥匙扣等文化创意产品上雷峰塔的细节部分十分清晰，富有质感。

（三）色彩仿生设计的应用

色彩仿生在文化创意产品设计中占据极高的地位。在仿生设计初期，就需要将形态与色彩相结合。由于一种颜色在不同的环境中的感受均不一样，可以将大自然中的显性色彩运用于文化创意产品设计中。比如，花朵的鲜红、树叶的翠绿、动物具有警示作用的皮毛色彩均可运用到产品中。北京故宫博物院推出的"如朕亲临、奉旨旅行"的腰牌卡，拥有明黄色与深蓝色两种配色。其中两条龙的颜色配置大胆，十分亮眼。腰牌是古代官吏别在腰间的出入"通行证"，北京故宫博物院利用腰牌的概念以及颜色，与现实中的行李牌相结合，既可以作为公交卡套又可以作为行李牌，亮丽的颜色深受大众的喜爱。

（四）功能仿生设计的应用

功能仿生主要利用自然界中的生物存在能力与天然材料的属性进行设计改造。在古代春秋时期，鲁班就曾利用锯齿草叶片的特性，制造出了锯子。功能仿生在产品设计中具有重要的地位，深受设计师的喜爱。比如，利用一些景观建筑的独特属性设计开瓶器、门挡，将某地景点特有的鸟类设计成哨子，利用某地特有的莲花形状制作储物架，将博物馆的画作印制成帆布包，都是将功能仿生与文创相结合的例子。

综上所述，文化创意产品在迎合大众的审美、消费需求中具有极大的作用。而生物仿生是结合生物的特性与产品的结构应用于实际的产品设计中，二者之间相互关联，各有特色。由于仿生设计在具体的应用中没有特殊的限制，因此可以和文化创意产品的设计相结合，发挥意想不到的独特效果。

第五节　文化新经济与文化创意产品设计

随着人民生活水平的提高，对文化创意产品精神满足的需求会超越功能性需求。通俗地说，已经没多少人会去一元店买杯子，哪怕功能完全一样，但仅仅为了让自己愉悦，受众也愿意选择贵十几倍甚至几十倍较为精致的杯子。文化新经济下消费者消费心理的变化，为传统文创产业带来巨大的转型机会。

一、文化新经济

（一）新经济起源

21世纪初期，美国经济持续100多个月的快速增长中，实现了高增长、低失业、低通胀的发展，被学者们称为"新经济现象"。时至今日，高新技术的发展及其产业化对人类社会和经济的发展带来深刻的影响，以技术、知识为主要标志的新经济已成为主宰世界的主要经济形式。

（二）文化新经济概念

文化新经济是以文化元素核心为内在驱动，以拉动文化消费为主要手段，以产业转型升级为最终目的的新型经济模式。文化新经济是从发展经济的角度往回看，如何把文化元素提炼出来，附着到存量经济体制上，使之焕发出新的活力，这是文化新经济的独特内涵。概言之，文化新经济从经济发展的量性指标来衡量，提炼文化元素，与新的方式结合。文化新经济为文化创意产品的发展指明了方向。

比如，美国迪斯尼首先提炼出影视形象，把每个形象元素标准化，然后把不同的形象元素使用在迪斯尼餐厅、迪斯尼文具、迪斯尼乐园等产品中，由卡通形象衍生出各种各样的商品，这就是后商品时代，在经营中一般采用授权经济模式。可知美国迪士尼的文化创意产品是以迪士尼卡通人物形象为原点进行设计的，则这些人物形象可称为迪士尼的目标文化。如何提取和运用目标文化将成为文化新经济下文化创意产品的关键。

二、文化新经济下文化创意产品的设计原则

从文化新经济的角度讨论文化创意产品的设计工作，就是从产品如何产生最大效益反向推导产品的设计工作。文化新经济概念所描述的特征表现为：首先是文化经济的高度融合和统一，文化需结合资本、技术、产品等要素融合发展，各要素之间相互渗透，很难再将文化或文化产品单个区分对待和研究；其次，融合

文化和创新发展才能成为文化产品的核心竞争力。综上，提炼以下三点文化新经济下文化创意产品应遵循的设计原则。

（一）绿色设计原则

在人类的发展史上，工业设计为人类带来了现代生活和环境，但是也加速了资源的消耗和利用，对地球的生态平衡已经构成影响。从文化新经济的角度看，应重视文化创意产品的绿色设计，即在产品的整个生命周期中，在保证功能的前提下，减少对环境的污染，对能源的消耗。在文化创意产品的选材、加工、包装和产品全生命周期，要考虑其可拆卸性、可回收性、可维护性和可重复利用性等。

（二）倡导更加科学的生活方式

文化新经济关注的受众群体是人，所以更积极倡导人们以更舒适、更科学的生活行为方式生活，这也成为工业设计师的主要任务，无论哪一项开发设计都应遵循这项原则。文化创意产品也是一样，文化新经济下科技进步、经济发展，人们的生活质量将被推向一个极致，在这样的条件下，文化创意产品应更加重视引导人们以更科学的方式生活。

（三）以目标文化为核心原则

每种文化创意产品都要为目标文化服务，文化创意产品可以被认为是消费者和文化之间的纽带，人们使用文化创意产品的过程也是对这种目标文化学习和传承的过程。文化新经济下，每一种目标文化就好比市场竞争下每个独具特色文化的品牌。在收入水平日渐提高的当下，人们追求个性化定制和追逐时尚的消费审美，目标文化能满足人们心理的需求。因此，文化创意产品应该以每种目标文化为核心进行设计开发，所设计的产品应该完全符合并传承这种目标文化。例如，上文中提到的故宫文化创意产品，是完全以故宫文化为核心设计制作的文化创意产品，这样的产品具有极强的针对性，继承了故宫文化，在面对喜爱故宫文化的消费者时自然是十分畅销。

三、文化新经济下文化创意产品的设计创新

文化创意产品应是经济性和文化性、继承性和创造性的统一。目前市场上存在的文化创意产品良莠不齐，且可以借鉴的研究成果较少。研究文化新经济可以为文化创意产品设计提供创新思路。文化新经济下设计师们可以借助新技术、新媒介扩充文化创意产品形式，使文化创意产品以更具现代气息的形式为人们展示鲜活的文化内涵。综上，提炼以下两种文化创意产品创新方式。

（一）结合新媒介创新

传统媒介的文化创意产品营销是直接推销产品，文化新经济下新媒介环境下的文化创意产品营销需要对产品本身、新媒体传播内容及用户需求三者关系进行深入思考，可制造出别具一格又具有亲和力的网络新媒介传播形象，从而征服消费者，实现营销目标。文化新经济下数字媒体的运用，可以加大文化创意产品和需求者的接触面积，通过现代媒体的传播，以最有效的方式将文化创意产品信息传播出去。

（二）结合新技术创新

新技术的发展往往会为经济发展、产品更新带来巨大动力。文化新经济下虚拟现实设备和 3D 打印设备具有实惠的价格和成熟的技术，被越来越多的文化创意产品设计师所使用，与技术的碰撞将为文化创意产品带来意想不到的机遇，并为使用者带来新体验、新感受。

使用 3D 打印技术定制个性化文化创意产品，能加快产品的制作速度，提高产品的制作质量，让文化创意产品的个性化定制成为可能。虚拟展示技术即 VR、AR 和 MR 的运用，给人们带来颠覆性的体验。例如，浙江大学推出的 AR 明信片，配合使用免费的 App，受众只需将摄像头对准明信片或画册，学校建筑立体模型就会立即显现；摄像头离开明信片后，离线模式仍然可以让模型停留在空中供受众观赏。

文化新经济为文化创意产品的设计提供了新思路。文化新经济下的文化创意产品设计应该围绕目标文化展开，遵循绿色设计原则，倡导更加科学的生活方式，且应具有深刻的文化内涵和鲜明的时代特点。

第六节　非遗文化与文化创意产品的设计

非物质文化遗产是人类宝贵的精神财富和物质财富，是人类长期生活的智慧结晶，是中华文化代表性的符号，将其发展和传承是一项时不我待的事。在国家和社会各界的共同努力下，我国文化遗产保护取得了明显成效。与此同时，也应清醒地看到，当前我国文化遗产保护面临许多问题，形势严峻，不容乐观。现在非遗文化面临非遗传承人技艺无人传授，冷门非遗产品无人买单，非遗产品缺乏创新、与现代大众的审美不符等问题，阻碍了非遗文化的传承与发展。在文化创意产业有一定的契合性。在文化创意产品为新载体完成文化创意产业背景下，文化创意产品作为新载体可以完成非遗文化在现代文明中的传承与活化。通过对非遗文化与文化创意产品的结合进行论证，可以发掘出非遗文化创新的具体方法，提升经济价值和文化价值。

一、非遗文化创意产品的现状分析

（一）产品的文化性与实用性失调

文化创意产品作为一种物质产品，虽然是表达文化情感的形式，但实用功能应该是首位的；文化创意产品较普通物质产品来说，因文化内涵的存在种类更加丰富。目前文化创意产品大都是抱枕、手机壳、钥匙扣、杯子等，非遗文化元素与产品载体脱节，缺乏一定的互通性，消费者很难通过此类产品联想到相应的非遗文化内涵。

（二）产品的价格相对较高

很多非遗项目是手工制作的，耗时费力，成本相对较高，设计出来的产品价格高昂，大部分消费者难以接受；如果将非遗产品投入工厂生产，产品制作工艺难以符合非遗标准，缺乏创新性，很难吸引消费者，引起其购买欲望，导致产品无人购买。

（三）产品的品牌意识薄弱

非遗文化相对流行文化受众范围较小，多以小型工厂以及小型作坊等生产，知名度较低。就目前状态而言，对非遗产品的开发还仅仅停留在政府主导的抢救性的保护工作上，文化企业还未能在非遗资源开发和品牌塑造上发挥主导作用。甚至许多非遗项目传承人因为文化程度低，或身处偏远的地方，对非遗的认知不够，保护意识差，品牌意识更差。总的来说，非遗资源开发相对滞后，在产业化的过程中缺乏长期的、系统性的规划工作，没有形成整体循环的生态性产业格局，还局限在对极个别单项产品开发的思路之中。

（四）产品的推广体系不健全

在现在的互联网时代，人们足不出户就可以买到自己心仪的产品，而往常的非遗工艺品大都在文玩市场、展会等这种小型的场所进行售卖，宣传范围比较窄，受众面积小且有局限性，因此在建立品牌的基础上还要以更多的平台和方式去推广。

二、非遗文化创意产品的创新设计

《中国创意产业发展报告》认为，"传统文化的开发越来越离不开创意元素的加入，创意产业呈现出向传统文化加速渗透的态势"。可以说，将非遗的文化元素引入文化创意产业，是对非遗传承保护的有效措施，也是文创产业发展的契机。因此，非遗文化创意产品的设计应满足以下条件。

（一）文化性

文化是文化创意产品的灵魂，更是一个地域的标签，将非遗文化合理提取并用全新的方式表现出来，再根据载体的不同进行转化和调整，可以使其具有更高的文化价值，充分体现出传统风格与现代风格的结合，同时体现民间艺术家的巧思及当地深厚的民俗文化底蕴。

（二）创新性

为解决市场文化创意产品种类单一的问题，还需要具有创新性，产品的定位需要根据人们的审美需求进行实时创新，紧贴人们的生活，使其达到最高的纪念价值与收藏价值。

（三）可行性

可行性主要体现在文化创意产品的品质方面。作为一种纪念品质量必须有保证，不可存在粗制滥造，不然不仅实用性差，也是对中国传统文化的一种不尊重，因此需要以可行性为基础进行设计。

（四）情感性

产品应满足与消费者的情感互动，要将传统文化结合当下消费者的情感需求加以转换，与消费者产生情感上的共鸣，让消费者感到亲切，感受到家的味道，让消费者在追求时尚的同时有一种家的归属感。每一件物品的设计理念以及设计思路都是产品专属的故事，不同产品能满足不同消费者的情感需求。

三、非遗文化创意产品的实践思路

首先，在非遗文化创意产品线下发售初期，应控制供应出售产品的数量，可以通过小部分人群购买评价，引起大众好奇心，再一点点扩大供应出售产品量。根据购买情况有针对性地控制不同类型的非遗文化创意产品生产量再到后期全面广泛出售。

其次，要借助网上平台来实现线上渠道的开拓。可以在线上提供材料包，引导手工体验。引导受众亲身进行手工制作是一种深度的体验途径，随着电子商务的普及，一些无法身临其境的受众也可以通过各种途径收到材料包，对手工艺类的非遗项目进行参与体验。

便捷是网络时代各个领域最普遍的特征。针对非遗项目，进行材料包的设计开发无疑是一种更加简单快捷、传播面更广的方法，传承人需要在确定产品后，计算好所需材料的内容与数量，搭配成相应的材料包。在这个过程中，成熟设计师的参与对强化材料包的视觉效果、提高实际销售量有较大作用。材料包中除手工体验所需要用到的材料之外，制作教程也是必不可少的。对一些制作步骤相对简单的产品，直接在材料包中提供说明书即可；而对一些相对复杂的手工制品，有时需要给用户提供制作的电子教程或视频演示，相应的做法是在材料包中提供可以扫描的二维码，用户可以通过扫描二维码，获得详细的视频教程，在观看后达到手工体验的目的，使越来越多的人了解非遗、传承非遗。在此期间不断积攒口碑，不断积累用户，了解客户需求，最终扎根市场。

消费是最好的保护。为了非遗的传承和发展，用更好的设计方法体现文化的精髓，以文化创意产品的形式出现在大众视野，无疑是一个好的解决办法。

第六章　创造性思维概述

第一节　创造与创造力的内涵

一、创造的概念

20世纪40年代，美国和日本率先开展了对创造的系统性研究，产生了创造学。随后，世界各地开展了对创造学的研究工作。我国对创造的系统研究始于20世纪80年代。

国内外不同的学者对于创造的概念有不同的认识。国外学者对创造的理解主要有：D.N.柏金思认为，创造是产生我们通常认为有创造性的产品的过程。五十岗道子认为，创造是以未知的事物为起点，向全新的、无法预期的世界诱导人们，使人感到满足的东西。东京大学的伊东俊太郎认为，创造就是解决新问题、进行新组合、发现新思想和发展新理论。日本创造工程学家恩田彰在《创造性心理学》一书中指出，创造就是把已知的材料进行重新组合，产生出新的事物或思想。

国内学者对创造的理解主要有：中国创造学会副会长李嘉曾认为，创造是人产生崭新的精神或物质成果的思维与行为的总和。鲁克成、罗庆生认为，创造是主体为实现一定目的，控制客体以有灵感思维参与的高智能劳动，产生有社会价值的前所未有的新成果的活动。刘志光认为，创造就是人类主动地改造现实世界，建立新的生活，获得新价值的开拓性活动。《辞海》一书对创造的解释是首创前所未有的东西。

因此，我们认为创造是指人们在各种社会实践中，能充分运用自己的智慧，发现新情况，研究新问题，解决新矛盾，产生新思想或新成果，以满足社会物质生活和精神生活的需要，推动社会向前发展的活动过程。创造的层次有高有低，低层次的创造主要是对局部或某个集体带来物质财富或精神财富的创造，譬如为企业创造经济效益、创造企业文化等；高层次的创造则是对整个社会或整个人类有价值的创造，它能够改变人类历史的进程。

创造有狭义和广义之分，狭义的创造是指提供新颖的、独创的，具有社会意义产物的活动。例如，科学的发现：看出、察觉、明白、领悟等；技术的发明：制作、造出、组建等。广义的创造是指从事就自身而言是新颖的活动。创造的具体活动有开发新技术、研制新产品、改进工作方法、改革工作制度、寻求新的决策、革新管理体制、探索新的教育方法和创作新的艺术形象。

二、创造的层次

创造的层次类型一般分为以下几种：

（1）表露式的创造。创造才能的初步显露，如儿童绘画才能的表露、技能的表演等。表露式的创造是其他各种创造的基础。

（2）生产的创造。发展各种技术以产生完美的产品。这一层次的创造，以技术性、实用性、圆满性等为其特征。

（3）发明的创造。发明家、探险家等寻找新的方法来看旧的东西，或者在应用材料、技术以及方法上表现出高超的技巧。

（4）革新的创造。革新技术或革新产品，这种人的创造有高度的抽象化、概念化的技巧，以及敏锐的观察力与领悟力。他对所要创造的那一领域有充分的了解，能发掘问题，产生革新的成果。

（5）深奥的创造。经过艰巨的、较长期的思考研究而产生的新的原理或原则，而这些新的原理或原则往往形成新的学派或新的局面。

无论何种层次和何种领域的创造，都具有创造的社会性和思想性。社会性指的是创造的社会效果，思想性指的是创造者的正确目的和动机。如果创造离开了社会性和思想性，那么创造便失去了价值。

创造所体现的科技水平有以下几种类型：

（1）突破型。它具有开创性，是能够起划时代作用的技术成就。如晶体管、激光器、电子计算机等。

（2）开发型。它是把突破型技术成果向深度或广度推进的创新成果。如数控机床、激光机械等。

（3）改进型。在开发型技术创新的基础上做某些移植、组合和改进，进而完成技术革新。如生产活动中的技术革新类。

三、创造力概述

创造力是人们从事创造活动的能量，是以观察力、想象力和逻辑思维能力为基础，产生改革旧事物所需要的灵感和创造性设想的能力。也可以说是对已经积累的知识和经验进行科学的加工和创造，以产生新知识、新思想、新概念、新产品和新成果的能力。创造力是智力因素与非智力因素的综合。

1.创造力的智力因素

创造力的智力因素主要包括以下几种能力：

（1）观察能力。观察能力主要通过观察、感觉和知觉，使人同外部联系起来，从而产生对客观世界感性认识的能力。富于创造性的人对自己、对他人、对事物都有敏锐的直观力，尤其对于问题的所在及其敏感。它是智力结构的眼睛。

（2）记忆能力。我们把从直观得到的信息和材料，一成不变地保留和储存下来，称为记忆。记忆力就是保持识记的能力。任何创造性的活动，如果排除记忆力都是不可思议的，因为任何一种创造性活动，必定以记忆的知识为材料。它是智力结构的存储器。

（3）思考能力。思考能力是指在已取得的知识中，经过分析和综合、推理和判断等逻辑思维活动，得出新结论的思维能力。在创造活动中，思考能力占有重要的地位。没有思考，就没有创造活动，也就不会有创造性产品。它是智力结构的中枢。

（4）想象能力。想象是指人在头脑里改造记忆中的表象而创造新形象的过程，也是过去经验中已经形成的那些记忆暂时联系，从而进行新的结合过程。想象是人们思维是否具有创造性的标志，想象力是人们主观能动性的高度表现，是创造力的重要基础。想象能力是一个人能够结合以往的经验，在想象中形成创造性的新形象，提出新的假设，使思维产生飞跃。它是智力结构的翅膀。

2. 创造力的非智力因素

创造力的非智力因素是指人的兴趣、情绪、性格和道德情操等。

兴趣能推动创造性活动的发展，促进其成功。兴趣比较广泛的人，眼界比较宽广，容易从多方面得到启发。兴趣要有中心，保持兴趣的稳定和发挥兴趣的效能是创造成功的关键因素。

人的情绪（心境、激情、热情），高级情感（理智感、审美感），情绪品质（倾向性、坚定性等）都直接影响着创造力。如能科学地控制与调节自己的情绪是促使创造成功的重要因素。

人的意志的自觉性、果断性、自制力和坚持性对创造力的影响也很大。自觉性能使自己的创造目的有着正确、充分的认识；果断性能使自己在关键时刻做出决定，抓住机遇；自制力能控制自己的情绪。

创造力的这些非智力因素属于人的教养和修养问题，它并非与生俱来，在很大程度上是通过后天培养的。

四、发明创造技法

发明创造技法是在研究剖析大量成功的创造发明实例的基础上，归纳总结出可启迪人们思路的实用方法。常用的发明创造技法有头脑风暴法和组合发明法等。

（一）头脑风暴法

头脑风暴法是以专题讨论会的形式，通过发散思维，进行信息催化，激发大量的创造性设想，从而形成综合创造力的一种集体创造方法。

1. 头脑风暴法的基本原则

（1）限时限人原则——限时：时间过短容易使讨论不够充分，时间过长则容易因疲劳而影响讨论的热情，一般以 30~60 分钟为宜；限人：人数太少容易冷场，人数过多则影响讨论者的积极性，一般以 6~10 人为宜。

（2）自由畅想原则——敞开思想、不受约束、畅所欲言。

（3）延迟评判原则——过早评判、下结论会把许多新观念拒之门外。

（4）以量求质原则——量变到质变。

（5）综合改善原则——鼓励借题发挥，对别人的设想进行补充完善，从而形成新的设想。

2. 头脑风暴法的实施步骤

（1）准备阶段。确定时间、地点、参加人员。

（2）热身阶段。由主持人安排小节目或思考题，目的是活跃气氛。

（3）明确中心议题。主持人简明介绍议题内容、要求和目的。

（4）自由畅谈。畅所欲言，认真做好记录。

（5）加工整理。会后由主持人整理成正式提案。

3. 头脑风暴法的发展形式

（1）德国默写式。由 6 人参加，每人在 5 分钟内写 3 个设想，标号以后进行交流，第二个 5 分钟内再写 3 个新的设想，最多往返 6 次，共产生 108 个设想。因此，又称此法为"635"法。

2）日本三菱式。①与会者 10 分钟内在专用表格上填写 1~5 个设想；②轮流发表自己的设想；③整理后写成正式提案；④互相质询，进一步修订；⑤进一步讨论，以获得最佳方案。

（二）组合发明法

组合发明法是按照一定的技术原理或功能目的，将现有的科学技术、原理或方法、现象和物品做适当的组合或重新安排，从而获得具有统一整体功能的新技术和新产品的创造方法。

（1）同物组合。两个或两个以上的同一事物的组合，具有对称性。

（2）异物组合。两种或两种以上不同功能的物质产品的组合。

（3）功能组合。将某一物体加以适当改变，集多种功能于一身。

（4）材料组合。不同性能材料的组合，解决材料自身的缺点。

（5）方法组合。两种以上独立的方法组合，获得新的效果。

（6）技术原理与技术手段的组合。把已有的某种技术原理置于其他技术领域已有的技术上。

五、创造障碍

创造障碍是指阻碍创造活动的主观和客观因素。阻碍创造活动的主观因素主要表现为以下几个方面：

（1）习惯从固定的角度看问题，无意于从不同角度去分析问题，思考问题受习惯性思维程序的束缚。

（2）循规蹈矩、因循守旧，不求创新。

（3）知识面过窄，视野狭小，局限于一孔之见，缺乏想象力，不能由此及彼、举一反三。

（4）只唯书、只唯上，不唯实，过分信赖权威，不敢存疑，不敢深究，缺乏独立见解。

（5）先入为主，以偏概全，固执己见，听不得不同意见，结果画地为牢，自己框住自己。

（6）过于自卑，叹不如人，妄自菲薄、丧失信心，行为从众随大流。

（7）谨慎小心，怕担风险，怕失面子，有新的见解也不敢独树一帜。

（8）工作不得要领，胡子眉毛一把抓，把握不住重点和方向，劳而无功。

创造障碍的客观因素主要有环境条件和物资条件两种。客观因素可以通过主观努力来解决。

第二节　创造性思维概述与理论内涵

一、思维概述

创造性思维是人脑借助于语言对客观事物的概括和间接的反应过程。思维以感知为基础又超越感知的界限。通常意义上的思维，涉及所有的认知或智力活动。它探索与发现事物的内部本质联系和规律性，是认识过程的高级阶段。

（一）思维的分类

根据思维活动所凭借的工具不同，可将思维分为动作思维、形象思维和抽象思维。动作思维是以具体动作为工具，解决直观而具体的思维。形象思维是以头脑中的具体形象来解决问题的思维活动。抽象思维是以语言为工具进行的思维。

根据在解决问题时思维活动的方向和思维成果的特点，可将思维分为辐合思维和发散思维。辐合思维是人们利用已有知识经验向一个方向思考，得出唯一结论的思维。发散思维是人们沿着不同的方向思考，得出大量不同结论的思维。

根据思维活动及其结果的新颖性，可将思维分为常规思维和创造思维。对已有知识经验没有进行明显的改组，也没有创造出新的思维成果的思维叫作常规思维。对已有知识经验进行明显的改组，同时创造出新的思维成果的思维叫作创造思维。

（二）思维的特征

思维具有概括性和间接性两个典型特征。思维是对客观事物概括的表征，即思维具有概括性。所谓概括的表征，是指思维活动所表征的是客观事物的本质属性（或称共同特征），而不是客观事物的具体形象；是客观事物变化的规律，而不是客观事物的具体变化。

思维的间接性。事物本质是隐含在事物内部的，事物变化的规律，是包含在各种复杂的变化中的，它们不能被直接观察到，必须以已有的知识和客观事物的知觉印象为中介，才能被认识到。

二、创造性思维的构成要素

何谓创造性思维，目前学术界对此尚无统一论定。各方专家已从不同的角度、不同的方面对其做了很多的提法和阐释。从广义上来看，所谓创造性思维，是指创造者利用已掌握的知识和经验，从某些事物中寻找新关系、新答案，创造新成果的高级的、综合的、复杂的思维活动。第一层含义是创造性思维的基础是创造者已掌握的知识和经验；第二层含义是创造性思维的结果是创新，即需要从某些事物中寻找新关系、新答案，创造新成果；第三层含义是创造性思维是一种高级的、综合的、复杂的思维活动。

从狭义的理解来看，所谓创造性思维，也可具体地指在思维角度、思维过程的某个或某些方面富有独创性，并由此而产生创造性成果的思维。也就是说，在整个思维中的更具体的方面，如他人意想不到的某个思维角度，在整个思维过程中的某一小阶段，其思维具有独特性和新颖性，而且主要是因为其独创性和新颖性产生了创造性成果的思维。

美国心理学家科勒期涅克认为，创新思维就是发明或发现一种新方式，用以处理某些事情或表达某种事物的思维过程。对于创新思维的理解，首先它是能够产生创造性后果或成果的思维；其次，它是在思维方法、思维形式和思维过程的某些方面富有独创性的思维。所以说，创新思维就是思维本身和思维结果均具有创造特点的思维。创新思维并非少数发明家、天才人物才具有的素质，而是任何一个正常人都具备的一种思维方式。

一位诺贝尔奖获得者说过，科学史上的每一项重大突破，总是由某些杰出的科学家完成最关键或最后一步，他们之所以能超过前人和同时代人，做出划时代的贡献，并不在于他们比别人的知识更渊博，重要的在于他们富于科学革命精神和高度的创造性思维。思维是人类区别于其他动物的最根本的特征，恩格斯称其是地球上最美丽的花朵。而创造性思维则是人类所特有的最高级、最复杂的精神活动，是地球上最美丽的花朵中的奇葩。千百年来，人类凭借创造性思维不断地认识世界和利用世界，创造出了数不胜数的物质文明和精神文明成果。

三、创造性思维对创业的作用

创造性思维是一种具有开创意义的思维活动，即开拓人类认识新领域、开创人类认识新成果的思维活动。创造性思维是以感知、记忆、思考、联想和理解等能力为基础，以综合性、探索性和求新性为特征的高级心理活动。它需要人们付出艰苦的脑力劳动。一项创造性思维成果的取得，往往要经过长期的探索、刻苦的钻研，甚至多次的挫折之后才能取得，而创造性思维能力也要经过长期的知识积累、素质磨砺才能具备，至于创造性思维的过程，则离不开繁多的推理、想象、联想和直觉等思维活动。

创造性思维具有十分重要的作用和意义。创造性思维是将来人类的主要活动方式和内容。创造性思维是人类的高级心理活动。创造性思维是政治家、教育家、科学家、艺术家等各种出类拔萃的人才所必须具备的基本素质。因此，心理学家认为，创造性思维不仅能提示客观事物的本质及内在联系，而且能在此基础上产生新颖的、具有社会价值的前所未有的思维成果。

四、创造性思维的辩证性

创新行为在我们的日常生活中随处可见，是每一个人都有可能做到的事。其实，创新不仅非常普遍，而且是一个有逻辑、有套路的思维方式。以色列国家创新研究院常务理事阿姆农列瓦夫就说过："创新可以复制，灵感可以生产。"

辩证思维是指能运用唯物辩证观点来观察、分析事物——尊重客观规律，重视调查研究，一切从实际出发，实事求是；能用对立统一的观点看问题，既要看到事物之间的对立，也要看到事物之间的统一和在一定条件下事物之间的相互转化；既要看到事物的正面，也要看到事物的反面；既能从有利因素中看到不利因素，也能从不利因素中看到有利因素。总之，辩证思维是两点论不是一点论。

在我国古代的优秀文化遗产中，运用辩证思维的例子可谓比比皆是，有些已经家喻户晓、深入人心。比如，"庖丁解牛""曹刿论战""曹冲称象""邹忌讽齐王纳谏"以及刘禹锡的诗……都包含着深刻的辩证逻辑思维。其中绝大部分都已编入中小学语文或历史教材中，如能很好地运用这些教材，将会对我国青少年创造性思维能力的培养发挥不可估量的重要作用。"曹冲称象"就是对青少年进行辩证思维能力培养的极好范例。

这个故事中所包含的辩证逻辑思维，即从错误意见中吸纳合理的因素。曹冲正是吸纳了两位大臣错误意见中的合理因素——设法找一个能承受大象重量又不用人手去提的大秤，根据日常的生活经验，船正好能满足这种要求，然后他又想到利用石块代替大象可以实现"化整为零"。正是这种辩证思维加上生活经验积累和敏锐的观察，使曹冲创造性地解决了他所处时代一般人所不能解决的难题。

由于辩证思维是从哲学高度为创造性思维活动提供解决问题的思路与策略的，所以它不仅在创造性思维活动的关键性突破这一环节中有至关重要的意义，而且在整个创造性思维过程中都有不容忽视的指导作用。例如，在创造性思维的起始阶段，要靠发散思维起目标定向作用，以便解决思维的方向性问题。发散思维之所以能给基本思维过程指引正确的方向，是依靠三条指导方针：同中求异、正向求反和多向辐射。不难看出，这三条指导方针的每一条无一不体现着对立统一思想。同—异、正—反皆是矛盾的两个对立面，而"多向辐射"则与集中思维的"单向会聚"构成对立统一关系，是辩证思维的具体体现。所以，发散思维实际上也可看成是辩证思维在创造性思维起始阶段的另一种表示形式。

至于形象思维、直觉思维和时间逻辑思维，由于它们都是人类的基本思维形式，当然不可能像发散思维那样，在实质上等同于辩证思维。不过，思维的目的既然是要对事物的本质属性或事物之间的内在联系规律做出概括的反映，那么如何才能更有效地做出这种反映？众所周知，唯物辩证法作为马克思主义哲学的宇宙观、方法论，是使人类思维具有全面性、深刻性和洞察力的根本保证。因此，在整个思维过程中只有运用唯物辩证观点做指导，才有可能使人类的基本思维形式有效地满足上述思维目的的要求。

五、创造性思维概述

（一）思维和创造性思维

思维是客观实体在人脑中概况的、间接的反映。思维过程是以概念、判断和推理等形式反映客观世界的能动过程。所以，思维是以取得的知识材料为中介去认识问题或解决问题。根据已有的知识材料，经过加工后做出的结论或认识的活动，就是思维活动。

创造性思维是相对于一般性思维而言的，它是在创造活动中应用新的方法或程序创造新的思维产品的思维活动。创造活动是创造性思维产生的基础。同时，创造性思维所产生的新思想和新观念，对创造性活动的进行起着指导作用。

根据心理学家的研究，创造性思维是集中思维和发散思维集合的产物。集中思维又叫辐合思维、求同思维、封闭思维或硬思维，它是探求事物共性或在众多的方案中选择一个最佳方案的思维形式。发散思维又叫求异思维、扩散思维、开放思维或软思维，它是从多方向、多角度、多层次展开的一种指向多种可能答案的思维。没有发散思维，思维活动就不可能有所创造；仅有发散思维，也不可能选择到最合理的设计方案。所以，在一项创造活动中，人们须从发散思维到集中思维，又从集中思维到发散思维，经过多次循环往复才能形成新思想。

创造性思维的主要内容为形象思维、联想思维、直觉、灵感、逆向思维、侧向思维、发散思维和集中思维。

（二）创造性思维的特点

一般认为，创造性思维具有想象丰富、观察敏锐、灵感活跃、表述新颖以及求异性和潜在性的特点。

1. 想象丰富

想象是创造性思维的重要特征。对想象在发明创造中的作用，爱因斯坦曾有过深刻的论述。他说："想象力比知识更为重要，因为知识是有限的，而想象即包括世界上的一切。"想象是人类探索自然、认识自然的重要思维形式，可以说，没有想象就不会有创造。

2. 观察敏锐

创造性思维需要敏锐的洞察力去观察和接触客观事实，并不断地将事实与已知知识联系起来进行思考，从而科学地把握事物之间的相关性、重复性及特异性并加以比较，为之后的发明创造提供真实可靠的依据。因此，要特别留心意外现象，通过对意外现象的分析，进一步探索创造活动的新线索，促使创造活动早日成功。

3. 灵感活跃

灵感是一种突发性的心理现象，是其他心理因素协调活动中涌现出的最佳心理状态。处于灵感状态中的创造性思维，表现为人们注意力高度集中、想象活跃、思维敏锐和情绪异常激昂。灵感既是创造性思维的重要一环，也是发明创造成功的关键一环。

4. 表述新颖

新颖的表述是由创造性思维的本质决定的。新颖的表述反过来又可以更好地反映创造性思维的内容，从而加强新观点、新设想、新方案和新规则的说服力与感染力。

5. 求异性

人类在认识事物的过程中，特别关注客观事物间的不同性和特殊性，特别关注现象与本质、形式与内容之间的不一致性。这种心理状态常表现为对常见的现象和已有权威结论的怀疑和批判，而不是盲从和轻信。创造性思维的求异性一般通过发散思维、转换思维和逆向思维表现出来。

6. 潜在性

潜在性是一种不自觉的、没有进入意识领域内的思维特性，它与一般思维的不同之处往往被人忽略。其实，潜在性思维往往在解决许多复杂问题中起着极为重要的作用。实践证明，只有在一定放松的环境中，创造性思维才容易贯通。因此，娱乐与消遣常常是灵感的源泉。

（三）创造性思维的品质

1. 思维的广阔性

思维的广阔性是指思维的全面性。人们在认识问题和处理问题时，不要把视线只盯在一点、一线、一面上，而要扩展思维的空间范围，并进行全方位的观察和思考。

2. 思维的深刻性

思维的深刻性表现在善于深入钻研问题，能从纷繁复杂的现象中抓住事物的本质和核心，揭示事物变化与发展的根本原因。

3. 思维的独创性

思维的独创性是指独立思考和解决问题的程度。善于独创的人，不但不迷信、不盲从，而且不满足于现成的方法和答案，善于找到自己的答案，并表现出果断、坚定和自信的特征。思维的独创性以思维的批判性为前提，没有优秀的批判思维，就不会有很高的独创性。

4. 思维的灵活性

思维的灵活性是指善于随机应变，依据事物发展变化的具体情况及时提出各种不同的思维和假设方案，同时还能及时地纠正自己的思维，调整自己的认识偏差。

5. 思维的敏捷性

思维的敏捷性是指能够迅速地对外界刺激物做出反应。表现在善于抓住时机，加快对信息的吸收、筛选和运用。

6. 思维的预见性

思维的预见性是指不论做什么事情都要着眼于未来，考虑到目标和战略。办事时，不仅要讲究眼前利益，而且要为子孙后代造福。着眼未来与立足现实是辩证统一的。

（四）创造性思维的过程

创造性解决问题比解决一般性问题有着更为复杂的心理活动过程，因此在它的运行中又有独特的思维活动程序和规律。英国心理学家 G. 华莱士通过对创造过程的分析，提出了创造性思维的四阶段理论，并把与创造活动相联系的创造思维过程分为准备阶段、酝酿阶段、豁朗阶段和验证阶段。

1. 准备阶段

准备阶段是在创造活动之前，围绕要解决的问题，收集以往的资料，积累知识素材及他人解决类似问题的研究资料的过程。这个阶段的准备工作做得越充分，收集的资料越丰富，越有利于开阔思路，进而使思路受到启发，发现和推测出问题的关键，并迅速理清思路、明确方向、解决问题。因此，在这一阶段，应努力创造条件，广泛收集资料，有目的、有计划地为所规划的项目做充分的准备。为了使创造性思维得以顺利展开，不能将准备工作只局限于狭窄的专门领域，而应当有广博的知识和技术储备。

2. 酝酿阶段

酝酿阶段是在积累了一定知识经验的基础上，在头脑中对问题和资料进行深入的分析、探索和思考，力图找到解决问题的途径和方法的过程。这一阶段从表面上来看没有明显的思维活动，创造者的观念仿佛处于"冬眠"状态，但事实上思考仍在断断续续地进行着。这个时候在创造者的意识中可能对该问题已不再去思考，转而从事或思考其他一些无关的问题，但在不自觉的潜意识中，问题仍然存在，当受到一定刺激的作用，又会转入意识领域。例如，日间苦思不解的问题，夜间睡眠时忽然在梦中出现。可见，创造性思维的酝酿阶段多属潜意识过程，这种潜意识的思维活动极可能孕育着解决问题的新观念和新思想，一旦酝酿成熟就会脱颖而出，使问题得到解决。

3. 豁朗阶段

豁朗阶段是经过充分的酝酿之后，在头脑中突然跃现出新思想、新观念和新形象，使问题有可能得到顺利解决的过程。在这一阶段中，百思不得其解的问题，意想不到地闪电般迎刃而解，头脑似乎从"踏破铁鞋无觅处"的困境中摆脱出来，有一种"得来全不费工夫"的感觉，并显示出极大的创造性。这是对问题经过全力以赴的刻苦钻研之后所涌现出来的科学敏感性发挥作用的结果。这种现象称为"灵感"或"顿悟"。在许多科学家的发明创造过程中都曾有过这种类似的现象。

4. 验证阶段

验证阶段是在豁朗阶段获得了解决问题的构想或假设之后，在理论上和实践上进行反复检验，多次补充和修正，使其趋于完善的过程。这个阶段，或从逻辑角度在理论上求其周密、正确；或是付诸行动，经观察实验而求得正确的结果。在验证期，创造者需要经过无数次的存优汰劣，才能使创造结果达到完美的地步。

六、创造性思维培养的原则

1. 整体性原则

人的心理是一个复杂的系统，重视心理系统的整体效应，是培养创造性思维的重要原则。只有从整体出发，运用系统思维的方法，才能真正地把握创造性思维的发展规律。

2. 结构性原则

知识结构和认知的协调发展是培养创造性思维的重要途径。认知结构一旦形成，便具有很大的能动性，影响着学生对新知识的接受和理解能力，制约着知识的加工和运用，也制约着学生对创造性思维的学习以及对其创造性思维能力的培养。

3. 自主性原则

自主性就是成为创造性学习和活动的主人。在创造性活动中要培养自我组织管理能力和自我调控能力，自主性原则是不可缺少的指导原则。

4. 探索性原则

创造是走前人没有走过的路，解决前人没有解决的新问题。不敢探索、不会探索的人是很难开拓新局面的。想成为勇于探索的人，就要鼓励自己质疑问题，自拟探索计划，通过自己的独立思考解决问题，发展创造性思维能力。

5. 活动性原则

人的心理是人在与环境的交互作用中发生、发展起来的。要会利用多种感官进行观察，确立创造的目标，选择思维的材料和方法；要提出假设，做出决策，制订创造的计划；还要考虑如何与他人合作等来发展创造性思维能力。

6. 多样性原则

多样性是指让创造个性自由地发展。爱因斯坦指出："由没有个人独创性和个人志愿的统一规格的人所组成的社会，将是一个没有发展可能的不幸的社会。"个性多样性的本质在于个性的独创性，社会的发展和个性的独创性是相互作用的。

七、学生创造性思维的培养

1. 培养学生的观察力

一个人只有善于观察，才能善于创造。培养学生的创造性思维，应当从培养学生的观察力入手，这是由于学生认识世界的主要途径是凭借观察。在培养学生观察力时要注意：①观察前要使学生明确观察的目的、任务，使其注意力集中在观察对象上。②培养学生观察的技能和方法，尽量让学生多种感官参与活动。③培养观察的兴趣，养成良好的观察习惯，培养观察的主动性和自觉性。

2. 丰富学生的知识

任何发明创造都是人们在学习和掌握前人积累的知识经验的基础上产生的突破。贝弗里奇说："在其他条件相同的情况下，我们的知识宝藏越丰富，产生重要设想的可能就越大。此外，如果具有有关学科或边缘学科的广博知识，那么独创的见解就更可以产生。"所以说，知识是培养创造性思维的基础。在教学过程中，要培养学生的创造性思维能力，必须丰富学生的知识。具体来说，一是知识的数量丰富；二是知识的质量提高；三是知识新颖；四是具有健全的知识层次；五是合理的知识结构。

3. 增强学生的好奇心

好奇心是对新异事物进行探究的一种心理倾向，是推动人们主动积极地观察世界，开展创造性思维的内部动因。好奇心是学生探索活动的前导和创造性思维发展的起点，要珍惜和满足他们的好奇心，使好奇心逐步由不切合实际到切合实际，由对事物外部的好奇发展到对事物内部的好奇，这对培养学生的创造性思维是非常有益的。

4. 激发学生的灵感

灵感是创造性思维活动中出现的一种复杂的心理现象，是在注意力高度集中、意识极度敏锐的情况下，长期思考的问题突然迎刃而解进而迸发的思想火花。它是长期艰苦思索的结果。学生创造性思维的产生往往需要经历一个曲折的过程。其中，既有长期的知识准备和积累，也有短时间的攻关和突破；既有经久的沉思，也有一时的灵感。

5. 锻炼学生的意志

创造性思维是艰巨的、精细的心理活动，要求智力的高度紧张，需要投入大量的时间和精力，并付出紧张的劳动代价。同时，探索新领域失败的次数是未知的、无数的。因此，没有百折不挠的坚强意志是做不到的。创造性思维又具有持久性，要取得成果必须经过持久的意志努力。学生在创造性思维的过程中，必然会遇到很多困难，要使创造性思维进行下去，并取得成功，就需要意志的力量。创造意志需要经过长期的、反复的磨炼。

八、创造性思维的训练

创造性思维测试，主要是从思维的流畅性、灵活性和独特性来评定的。因此，加强学生创造性思维的训练，应从以下三个方面做起：

（一）扩散思维训练

扩散思维是创造性思维的主要成分。通过一些有效的方法，对学生进行灵活新颖的扩散训练，有利于开发学生的创造性思维。扩散思维训练主要采取以下方法：

（1）材料扩散。以某个物品为扩散点，设想它的各种用途。如回形针的用途——在一起作发夹用，代替领带的别，拉开一端可以用来穿扎、画图、写字等。

（2）功能扩散。以某种事物的功能为扩散点，设想出获得该功能的各种可能性。如怎样达到照明的目的——点油灯、开电灯、点蜡烛、用镜子反射太阳光、划火柴、开打火机、打手电筒、点火把等。

（3）结构扩散。以某种事物的结构为扩散点，设想出利用该结构的各种可能性。如尽可能多地说出含有该结构的东西的名称并画出——刚出山的太阳、乌龟、酒杯、眼镜、圆形的门、伞、草帽等。

（4）形态扩散。以事物的形态为扩散点，设想出利用某种形态的各种可能性。如利用红颜色可做什么、办什么事——红灯、红旗、红墨水、红星、红印泥、口红等。

（5）方法扩散。以人们解决问题或制造物品的某种方法为扩散点，设想出利用该种方法的各种可能性。如用"吹"的方法可以解决的问题——吹气球、吹灭烛火、吹肥皂泡、吹笛子、把热茶吹凉等。

（6）组合扩散。从某事物出发，以此为扩散点，尽可能多地设想与另一事物联结具有新价值的各种可能性。如钥匙圈可同哪些东西组合在一起——同小刀组合、同指甲剪组合、同纪念章组合等。

（7）因果扩散。以某事物发展结果或起因，设想出这一结果的原因或这一原因可能产生的结果。如推测"玻璃杯碎了"的原因——手没抓住掉落到地上碎了、冬天冲开水爆碎了、被物体撞倒砸碎了等。

（8）语词扩散。说出一个词，让自己连接或造不同的句子，组成更多的词或句子。如学生—生活—力量—表扬—扬帆—帆船；用"大楼"一词造句，如"这座美丽的城市大楼林立""我家住在百货大楼旁边"等。

（二）摆脱习惯性思维训练

习惯性思维有时可能阻碍我们的思路，想不到那个本来应该想到的问题，或者思路进入岔道，找不到正确的答案。摆脱习惯性思维的训练，被人称为"创造性思维的准备活动"。其真正意义是促使人们探索事物存在、运动、联系的各种可能性，从而摆脱思维的单一性，以免陷入某种固定不变的思维框架，使思维具有流畅、变通、灵活和独创等特性。

（三）缺点列举训练

缺点列举是一个极为重要的创造技法。对某事物存在的某个或某些缺点产生不满，往往是创造发明的先导。只要把列举出来的缺点、想法加以克服，就能有所发明、有所创造。例如，尽可能多地列举出玻璃杯的缺点：易碎、较滑、盛了开水时手摸上很烫、有小缺口会划破手、活动带在身边不方便等。

（四）愿望列举训练

人们对美好愿望的追求，往往成为创造发明的强大动力。例如，人们希望烧饭能自动控制，结果就发明了"电饭锅"。愿望列举就是对某个事物的要求——"如果是这样就好了"之类的想法列举出来。它不同于缺点列举，因为缺点列举是不离开物体的原型，提出积极的希望比仅仅是克服缺点可能会产生更好的创意。例如，怎样的电视机才理想，写出你的愿望：看起来像立体的、具有每个人都可以分开看的装置、想看的频道节目会自动出现、能看到全世界的节目等。

（五）想象训练

训练想象力是培养和发挥创造性思维的一种较好的方法。它能帮助人们从固定化的看法、想法中解放出来，使人们在思考、解决问题的过程中，学会大胆想象，敢于"异想天开"，创新进取。

第三节 创造性思维的模式与类型

创造性思维作为一种开放性思维方式，其形成过程是基于已有的理论知识。创造性思维模式的形成也是借用创造性思维产生过程中的结构理论，其主要从以下几个理论中产生。

一、四阶段理论

英国心理学家 G. 华莱士在 1945 年《思考的艺术》一书中首次提出创造性思维的一般模型，即"四阶段理论"，这也是作为创造力核心的创造性思维的研究标志。

G. 华莱士较完整地将创造性思维的心理活动分为以下四个阶段，且每个阶段都有其明确的内容。

（1）准备阶段。明确问题当下的状态，围绕问题积极收集所涉及的资料，做好前期准备。

（2）酝酿阶段。对问题进行初步探索，试探性地梳理框架，并进行反复深入的思考。

（3）豁朗阶段。问题得以解决，思路开阔伴随思维方式的运用，成功解决难题。

（4）验证阶段。检验所取得的结论，对所解决的问题进行再次核验和证明，确保理论的正确性和操作的有效性。

这一重大理论研究至今在国际上仍保有一席之地，且对于以后的创造性思维研究影响重大。从整体来看，此四阶段理论还处于经验性质阶段，但对于逻辑思维、直觉思维等的影响已经凸显出来了，应该算较早时期的创造性思维模式。同时，我国的创造性思维研究也在不断从中受益，并逐步发展。

二、智力三维结构模型理论

美国心理学家吉尔福特（J.P.Guilford）最早对创造力进行了系统研究，他的《创造力》一书被西方心理学界视为现代正式研究创造力的先锋著作。

他在1967年提出"智力三维结构模型"理论，将智力看成一个立体的智力结构。吉尔福特认为，人类智力应由多种因素组成，但这多种因素都应从三个维度出发。

（1）智力内容。智力的内容主要包括图形、符号、语义和行为等内容。

（2）智力操作。智力的操作主要包括认知、记忆、发散思维、评价和聚合思维五类。

（3）智力产物。智力的产物主要包含单元、类别、关系、系统、转化和蕴涵六种。

在吉尔福特的理论中，其认为创造性思维的核心在于智力操作中的发散思维。

三、潜意识推论

中国思维科学教授刘奎林在1986年发表了一篇颇具影响力的论文《灵感发生论新探》，该篇文章收入由钱学森任主编、上海人民出版社于1986年出版的《关于思维科学》一书中，这是当时学术界较为前沿的研究成果。在文中，刘奎林提出"潜意识推论"，并运用这种理论建立起"灵感发生模型"。该模型之所以可以看作创造性思维模型，原因在于，文中将灵感思维"居于创造思维过程中的重要位置"始于"潜意识推论"，在此理论基础上，我们也可以将其称为基于潜意识推论的创造性思维模型。这也是迄今为止，在国内外有关文献中所能看到的关于创造性思维研究较为完整和具有说服力的模型。

在灵感发生模型中，刘奎林将灵感发生机制的序列分为以下五个阶段，且每个阶段内容详细。

（1）境域阶段。该阶段是灵感发生的客观环境，这一阶段用客观环境中存在的事物或表象来促进灵感的迸发。

（2）启迪阶段。影响灵感迸发的偶然因素，这一阶段灵感的迸发基于对事物信息的搜集和积累，在对信息进行深入分析后发现偶然信息。

（3）跃迁阶段。对所搜集到的信息进行深入的加工处理。

（4）顿悟阶段。对已知信息的整合和对偶然信息的辨析，达到对问题结果的处理。

（5）验证阶段。核验和证明所得信息或结果的合理性与科学性。

这五个阶段环环相扣，联系紧密。在此，刘奎林将灵感思维作为人类的基本思维用以反映客观世界。该理论从灵感出发，强调灵感是创造性思维的重要形式。

四、创造力三维模型理论

美国耶鲁大学教授斯坦伯格（R.J.Sternberg）在 1988 年提出"创造力三维模型"理论，又称"智力三元理论"。他认为，创造力主要由三个维度组成。

1. 智力维

智力维是指与创造力有关的"智力"，分为内部关联型智力、经验关联型智力和外部关联型智力。

2. 方式维

方式维是指与创造力有关的认知方式。

3. 人格维

人格维是指与创造力有关的人格特质。

在创造力三维模型理论中，智力维与创造性思维的关系最密切。在智力维中，内部关联型智力是由执行成分、获得成分和元成分组合而成。其中，执行成分涉及创造性思维的心理过程；获得成分是顿悟的重要组成部分，而顿悟是创造性思维的核心；元成分主要与创造性问题解决过程的计划、监控和评价等相关联。因此，智力维实际上也就是创造性思维的一种模型。

人类的创造性思维不仅反映事物的关系，还发现、产生新关系，并组成新组合和新模式。创造性思维模式为从纷繁复杂的创造过程中不断萃取具备代表性的理论提供指导。

五、创造性思维的类型

按照思维活动的实际，可以从不同角度将创造性思维划分为不同的思维类型，大体包括以下几类：

（一）直觉思维与分析思维

从认知层面探讨创造性思维，可将其分为直觉思维和分析思维。

1. 直觉思维

创造力来源于灵感，而灵感属于直觉思维，它是在长期实践中积累经验和知识而爆发产生的有创造性的思路。灵感的产生并不是毫无依据，或者如同一些谬论家所言，是造物主恩赐强行塞入脑中而形成的。灵感的来源也遵循一定的根据。比如，在教学过程中，学生的灵感来源便是教师在教学中通过对学生知识的诱发和创造力的引导，及时发现学生在某一方面所表现出来的特殊才能，进而进行合理有序的科学引导，使学生能够遵循灵感，大胆地提出自己的问题或构思。

直觉思维是指在认识某一主体时，能够通过直接观察其外在形象，结合认识方式及手段，对其内在所存在的本质或规律产生由内而外的觉悟。直觉思维能够迅速抓住事物或问题的要害，这也是直觉思维区别于其他思维方式的独特之处。直觉思维是一种复杂的认知能力和心理现象，复杂在于这是突然间或偶然间的感悟，是在其他思维能力无法找寻到答案时，在直觉思维中可以迅速得出结论。抓住要害进而达到对事物本质的认识，促成思维的跳跃，使人们对事物的认识得到创造性的飞跃和升华。

爱因斯坦模式就是证明直觉思维最好的例子。爱因斯坦曾说："我相信直觉和灵感"，"物理学家的最高使命是要得到那些普遍的基本规律……要通过这些定律，并没有逻辑的道路，只有以通过那种对经验的共鸣的理解为依据的直觉，才能得到这些定律。"爱因斯坦所说的直觉，就是我们这里所要说的直觉思维。爱因斯坦理论在形成初期主要运用抽象思维和逻辑思维，但并未解决根本问题。但他所迸发出的直觉思维——关键是分析时间概念，促使他在短时间内完成狭义相对论的论述。这也就是爱因斯坦的直觉思维所创造出的科学事实，直觉思维也成为科学研究和科学创造过程中不可或缺的因素之一。还有物理学家阿基米德洗澡时从水的浮力中豁然开朗，发现举世闻名的浮力原理；费米在捕捉壁虎的过程中顿悟出了物理学著名的费力统计……但我们也应避免将直觉思维神秘化，将灵感绝对化。

2. 分析思维

分析思维存在于各个思维能力运用的过程中，它不易察觉，但常被使用。分析思维是依据一定的逻辑关系对事物进行逻辑研究、合理推理，从而获得准确判断的思维方式。也就是说，分析思维能力对各类信息和资源的再造过程，需要大脑有敏锐的辨别力和推断力，能够从现实生活中的繁杂问题中分析出问题的关键所在，挑选和组合关键问题点，进而推导结论。

人们常认为分析思维的奠基者是笛卡儿，他是17世纪法国的数学家、哲学家，因为他相信，世界是存在"所有物体的普遍的质"，科学创造的目的就是实现这一"质"。在他所从事的科学研究中，对于思维方式和所使用的方法论的探索尤为关心，他倡导通过严密的科学推理从基本的不可再细分的思想中追求真理。从这里能够看出，笛卡儿实际倡导的是分析思维。

在创造性思维中使用分析思维，往往是对客观事物的认识进行分解，将其分解为多个模块或多个方面来认识，如将某个事物的整体分解为对其所含属性、特征、影响因素、作用等的认识。

（二）发散思维与收敛思维

从理论层面探讨创造性思维，可将其分为发散思维和收敛思维。

1. 发散思维

思维的发散性是当面临某一情景时，自觉不自觉地产生出一种想象力，并向多方向进行拓展。当出现正面现象时，思维能立即做出反应，觉察出反面现象；当出现横向面时，思维能迅速拓展开，展现纵向面。诸如此类，多方向、多角度向外扩展，不仅能做到由此及彼，也能快速举一反三，并不断发散出去。因此，发散思维就是指在解决问题的过程中，思维不断扩展，通过多方向、多角度、多途径去探索各种不同的解决途径和方法。其具体思维过程：以已知的某一点信息为思维基点，运用已知的知识，通过分解组合、引申推导、想象类比等，从不同方向进行思考，得出多种思路，想出多种可能，从中引发创新。

心理学认为，人的创造能力是和发散能力成正比例变动的。培养学生的创造性思维，就要在训练中不断运用发散思维能力。在运用的过程中不可避免地要提及想象。想象是在一定理论知识的基础上，对大脑中记忆的信息碎片加以整理和再次加工，组合再创造出新形象和新观念的思维过程。它不仅能创造出客观存在的事物，也能通过发散思维创造出超越客观实际的虚拟物件或形象。这是不断培养发散思维，提高想象力的有效手段，同时能证明发散思维在发挥创造性时的无限性，它还是发散思维的无边界条件。

发散思维能力一经培养，便具有以下特征：

（1）发散思维具有流畅性

发散思维在解除了原有羁绊的基础上，挣脱固有思维方式的束缚，充分利用既得条件使思维向多角度、全方位延伸，用时短且尽可能多地提供想法或观点。只有确保思维流畅，才能使其向确定的方位及角度延伸，从而寻找到解决问题的不同途径和方法。

（2）发散思维具有创造性

发散思维以其创造性区别于其他思维方式，发散思维的创造性在于其独创性，这也是人们进行创新和创造的目标导向，不墨守成规，勇于创新。在学习过程中，学生要敢于对既有知识提出异议，并在有理有据的条件下提出质疑。

学习的过程实际上也是重新建构知识的过程，学习虽然需要外界的刺激和激发，但是并不由其控制；学生在对学习知识进行建构的过程中，自觉地使用自己的发散思维能力，对所积累和掌握的原有知识进行二次加工和开发，从而独创性地构建出自己的知识架构，并体现出差异性。

（3）发散思维具有变通性

拘泥于常规思维，容易陷入僵局，进而局限思维的发展。只有不断地更换思维角度，才能不定向、不拘谨；只有保持思维方向的多样化，才能在引导学生的创造力中，促使其能够越过常规逻辑，灵活变通地解决问题。

2.收敛思维

收敛思维体现创造性思维的集中性。收敛思维可以基于现有事实和根据，充分运用给定目标、流程、逻辑等将已知条件进行整合，从而获得准确合理的答案，形成一种科学的思维方法，达到创造新发现的目的。在从不同来源的不同信息资料中寻求一个科学合理的答案时，要有方向、有条理地将发散的思路聚集成一个焦点，尤其是在想法多、预设方案多的情况下进行判断时。

收敛思维是发散思维的基础，创造性思维如果缺乏收敛思维就容易陷入漫无边界的发散中，如同大海捞针般毫无头绪，对问题的解决也是缺乏边界性，那么正确、科学、合理的答案也就无从谈起。因此，收敛思维的优点主要在于可以为创造性思维提供可供选择和比较的多种途径或方法。正如现代美国著名学者库恩在谈及收敛思维时所指出的，收敛思维可以使人们牢固地扎根于当代科学传统中。

收敛思维也可以从给定的相关信息中聚合出关键信息，从关键信息中总结概括出新的信息，产生符合逻辑且可接受的最佳结果，也就是"择优"。在整合众多信息和联系的过程中，抽取出为己所用的信息，也就是在发散思维的基础上"择优"其中一个方向再次进行发散思维的联想，重复一次或多次，从而获得满意结果。

（三）抽象思维与形象思维

从主体层面探讨创造性思维，可将其分为抽象思维和形象思维。

1. 抽象思维

在创造性思维开始时，灵光闪现的那一刻是形象的，随着活动的进一步加深就开始了抽象思维的应用，遵循闪现的思路走向目的地的过程是抽象的，将升华后的结果进行证明时也是抽象的，将得到的结果与已知事物的相似性规律进行移植思考时也是抽象的。

抽象思维反映事物本质的认知过程，这一过程具有间接性和概括性，是在分析、比较和综合的基础上对事物的属性进行推理和判断，进而抽取本质属性过滤非本质属性，从而使个体对事物的认知从具象进入概念化的抽象领域。也就是运用抽象的概念或理论知识来解决实际问题。这其中也有其他思维方式的相互作用，但最终抽离规律性结论时还是依靠抽象思维，这也体现出抽象思维在创造性思维中的首尾相接作用。在思维主体克服思维定式时，将其抽离出来，摒弃固有的思路，从第三方角度去思考问题，这也就形成了日常生活中对某一具体事物的见解。

抽象思维在现实生活中的运用从海王星的发现中可见一斑。法拉第看到受磁铁影响的铁屑在纸上排成有规则的弧线完成了磁力线的概念。

2. 形象思维

形象思维是对权威和经验的弱化，对阻碍思维的相关因素进行排除，将关注点放在对思维自身的突破和发展上面。其实质就是在面对事物时，将经验、知识、思考方式运用其中，进而产生新创造。在文学界，对于形象思维能力的概念界定是这样的，"所谓形象思维能力，就是敏锐精细的形象感受能力，丰富牢固的形象储存能力，独特新颖的形象创造能力，达意传神的形象描述能力"。也是通过典型形象反映和把握事物的思维活动，这在独具创造性的成果中便能体现一二。

通过形象思维可以产生许多创造性的成果。形象思维不论是在日常生活还是科学发现中都有所体现。如在描绘大自然的巧夺天工时，李白的《当涂赵炎少府粉图山水歌》"名公绎思挥彩笔，驱山走海置眼前"，直接将李白眼前的壮丽图景通过诗词的形式描绘出来，这也是古人情感表达的一种方式。言语表达或许苍白，但所塑造的形象却很直白，使人不自觉地被带入其中，仿佛眼前便是山水美景。在科学研究领域，形象思维的运用也很广泛，如魏格纳所提出的大陆漂移学说，就是他在看到地图上非洲东海岸与南美洲西海岸轮廓形态极为相似从而引发联想的。

（四）逻辑思维与批判性思维

从宏观层面探讨创造性思维，可将其分为逻辑思维和批判性思维。

1. 逻辑思维

逻辑思维是主体借助概念、判断和推理等多种手段反映现存客观事实，并遵循一定逻辑规则，揭示事物或问题的本质。它所产生的新观点、新想法是逻辑思维按部就班地将所获知的信息抽象为概念并进行判断，且按照一定的逻辑关系进行分析推理从而产生的。

逻辑思维的主要功能在于整合已有知识，形成思考模式。思考模式能够帮助人们快速地从纷繁复杂的各类现象中提取所需信息。但过于注重现实、关注最终结果的思考模式也容易束缚逻辑思维，甚至产生僵化现象。逻辑思维是创造性思维的前提，创造性思维在进行创新创造时都需要遵循一定的法则和客观规律，否则创新创造就无从谈起。也就是说，逻辑思维对于创造性思维具有导航作用。因此，不断提高逻辑能力有助于更好地培养创造性思维能力。

在创造的过程中既包含逻辑思维，又包含批判性思维，创造性思维即寓于逻辑思维与批判性思维的辩证运动中。逻辑思维在日常生活中的运用非常广泛，作用也非常大，无论是科学创造还是简单的导航辨别，都需要逻辑思维展现出的强大创造力。正如邦格所说："没有漫长而且有耐心的演绎推论，就没有丰富的直觉。"对直觉思维的作用并不否认，但当出现灵感或直觉后，缺乏逻辑的加工和处理，这一直觉并不能被证实，那也就毫无益处了，也不会出现影响深远的科学理论。

2. 批判性思维

批判性思维是主体在创造性思维的认知过程中，对于已发现问题进行多角度分析、质疑与论证，从而综合推理出新的观点。

在创造性思维应用过程中不能缺少逻辑思维的参与且逻辑思维一般作为自身活动的开端，具有严谨、循规蹈矩、有条不紊的特征，但仅仅依靠逻辑思维来解决难题最后的结果往往不能满足需求，因而，就需要批判性思维交相影响。批判性思维在创造性思维活动过程中对自我进行认识和监控，有自我认知能力，尤其是在对最后所得到的结果进行评价、选择或检验时，不唯书、不唯上、不唯师，批判性地听取意见，敢于否定、敢于质疑、敢于向权威提出挑战、敢于提出自己的独特见解。

冷静地思考问题，对多数人所认为的完美事物或结论可以从崭新的角度或全新的方式进行验证或诠释，并给予修正或"扬弃"。实际上，批判性思维的本质就在于对确定对象的相对价值做出判断并从崭新角度诠释出新的独到见解。批判性思维在创造性思维中所占的比重非常大，就如列宁对马克思批判精神的赞许，他说："凡是人类社会所创造的一切，他都用批判的态度加以审查，任何一点也没有忽略过去，根据工人运动的实践检查过。于是就得出了那些被资产阶级狭隘性所限制或被资产阶级偏见所束缚住的人所不能得出的结论。"

任何事物在不同情境下总会受到主观因素的影响，为适应这种无规则的变化，只有始终坚持批判性思维。批判性思维具有鲜明的特点：一是扬弃的观点。事物的发展变化总是呈现出螺旋式，从量变到质变也在呈现出相同的变化，有舍弃的部分也有升华的部分，始终保持批判性继承和发展的态度。二是矛盾的观点。世间万物都包含矛盾的特质，且每一事物本身就是矛盾的。任何思维的产生与消亡也都遵循矛盾运动这一过程，所以在生活中应主动运用矛盾的观点去探寻新事物中的必然与偶然。三是发展的观点。事物是在不断发展变化的，在这一阶段，批判性思维的运用也应该是发展变化的。任何亘古不变的思维态势最终都会走向灭亡，在不断变化中寻求发展才是创造性思维走向长远的光明之路。四是联系的观点。从某一事物的发展变化来看，可能会出现单一状态，但究其根本是相互联系的，也就是不能孤立地去看待任何一个思维发展阶段，而应在大格局下将每一阶段的发展联系起来，找到前因后果，才能更全面、更客观地进行创新创造。

作为人们的思维和认识活动，直觉思维与分析思维、发散思维与收敛思维、抽象思维与形象思维、逻辑思维与批判性思维，都是大脑从不同的角度、深度和跨度去反映客观事物所反映的创造性思维，彼此之间相互交叉、综合发生，既有个性，也有共性。

第四节　创造性思维的一般属性

一、创造性思维的一般属性

创造性思维具有独创性、多向性、综合性、联动性和跨越性等属性。

（一）创造性思维的独创性

独创性是创造性思维的基本特点。创造性思维活动是新颖的独特的思维过程，它打破传统和习惯，不按部就班，向陈规戒律挑战，对常规事物持怀疑态度，否定原有的条框，锐意改革，勇于创新。在创造性思维过程中，人的思维积极活跃，能从与众不同的新角度提出问题，探索开拓别人没认识或者没完全认识的新领域，以独到的见解分析问题，用新途径、新方法解决问题，善于提出新的假说，善于想象出新的形象，思维过程中能独辟蹊径，标新立异，革新首创。

（二）创造性思维的多向性

创造性思维不受传统的单一的思想观念限制，思路开阔，从全方位提出问题，能提出较多的设想和答案，选择面宽广。思路若受阻，遇有难题，能灵活变换某种因素，从新角度去思考，调整思路，善于巧妙地转变思维方向，产生适合时宜的新办法。

（三） 创造性思维的综合性

创造性思维能把大量的观察材料、事实和概念综合在一起，进行概括、整理，形成科学的概念和体系。创造性思维能对占有的材料加以深入分析，把握其个性特点，再从中归纳出事物的规律。

（四） 创造性思维的联动性

创造性思维具有由此及彼的联动性，是创造性思维所具有的重要的思维能力。联动方向有三个：一是看到一种现象，就向纵深思考，探究其产生的原因；二是逆向，发现一种现象，则想到它的反面；三是横向，能联想到与其相似或相关的事物。总之，创造性思维的联动性表现为由浅入深，由小及大，触类旁通，举一反三，使我们获得新的认识、新的发现。

（五） 创造性思维的跨越性

创造性思维的思维进程带有很大的跨越性，它省略了思维步骤，思维跨度较大，具有明显的跳跃性和直觉性。

逻辑思维又称抽象思维，是思维的一种高级形式。其特点是以抽象的概念、判断和推理作为思维的基本形式，以分析、综合、比较、抽象、概括和具体化作为思维的基本过程，从而揭露事物的本质特征和规律性联系。抽象思维既不同于以动作为支柱的动作思维，也不同于以表象为凭借的形象思维，它已摆脱了对感性材料的依赖。抽象思维一般有经验型与理论型两种类型。前者是在实践活动的基础上，以实际经验为依据形成概念，进行判断和推理，如工人、农民运用生产经验解决生产中的问题，多属于这种类型。后者是以理论为依据，运用科学的概念、原理、定律和公式等进行判断和推理。科学家和理论工作者的思维多属于这种类型。经验型思维由于常常局限于狭隘的经验，因而其抽象水平较低。

二、创造性思维的特点

创造性思维是在一般思维的基础上发展起来的多种思维的综合，有以下四个特点。

（一）发散思维和集中思维的统一

我们要解决某一创造性问题，首先要进行发散思维，设想某种可能的方案，然后再进行集中思维，通过比较分析确定一种最佳方案。在创造性思维中，发散思维和集中思维都非常重要，二者缺一不可。然而，对于创造性思维来说，发散思维更为重要，它是思维创造性的主要体现，它可以突破思维定式和固有的局限，重新组合已知知识经验，找出许多新的解决问题的可能方案，它是一种开放性的，没有固定的模式、方向和范围的，可以"标新立异""海阔天空""异想天开"的思维方式。没有发散思维就不能打破传统的条框，也不能提出全新的解决方案。

发散思维有三个指标：

（1）流畅性。它是发散思维的量，单位时间内发生的量越多，流畅性就越好。

（2）变通性。它是指思维在发散方向上所表现出的变化。

（3）独创性。它是指思维发散的新颖、新奇和独特的程度。

集中思维在创造活动中发挥着极大的作用。当通过发散思维提出种种假设和解决问题的方案和方法时，并不意味着创造活动的完成，还需从这些活动方案和方法中挑选出最合理、最直接的接近客观现实的设想。这一任务的完成是靠集中思维来承担的，集中思维具有批判选择的功能。

（二）直觉思维的出现

直觉思维是指经过一步一步地分析，进而迅速地对问题的答案做出合理猜测、设想或突然领悟的思维，它是创造性思维活跃的一种表现，它不仅是创造发明的先导，也是创造活动的动力。使用直觉思维得到的结果是使用逻辑思维所得不到的预见和捷径，或是解决问题的最佳方案的雏形。它往往从整体出发，用猜测、跳跃和压缩思维过程的方式，直接而迅速地领悟问题的答案。许多科学家的发明创造都是从直觉思维开始的。例如，达尔文通过观察植物幼苗顶端向阳光弯曲，直觉提出其中有某种物质跑向背光一面的设想。后来，随着科学的发展，他的设想被证明，确有"某种物质"及"植物生长素"。数学领域中的哥德巴赫猜想、费尔马猜想等都是当初数学大师未经论证而提出的一种直觉判断，但为后人所确信，并为此进行了论证。直觉思维作为创造性思维的一个重要思维活动，具有三个特点：一是从整体上把握对象，不是拘泥于细节末枝；二是对问题的实质的一种洞察，不是停留于问题的表面现象；三是一种跳跃式思维，不是按部就班地展开思维过程。直觉思维是在知识经验的基础上形成和进行的，丰富的知识经验，有助于人们形成深邃的直觉。

（三）创造想象的参与

创造性思维有创造想象的参与。因为创造性思维的成果都是前所未有的，而个体在进行思维时借助于想象，特别是创造想象来进行探索。创造性思维只有创造想象的参与，才能从最高水平上对现有的知识经验进行改造和组合，从而构筑出最完整、最理想的新形象。例如，牛顿万有引力定律的提出就是以地球绕太阳运转、月亮绕地球运转、大海潮汐现象、苹果落地等事实为前提，先在头脑中进行创造想象，然后进行推理而产生的。爱因斯坦在高度抽象的物理领域中有许多杰出的创造性成果，他大多是运用创造想象来进行研究的。他对想象力的评价："想象力比知识更重要，因为知识是有限的，而想象力概括着世界的一切，推动着进步，并且是知识进化的源泉。严格地说，想象力是科学研究的根本因素。"

（四）灵感的出现

在创造思维过程中，新的解决问题的思路和方案的产生往往带有突然性，这种突然产生新思路和新方案的状态，被称为灵感。它常给人一种豁然开朗、妙思突发的体验，使百思不得其解的问题得到顿释。通过对许多科学家的调查发现，他们的发明创造过程中大多数出现过灵感。灵感并不是什么神秘之物，它是思考者长期积累知识经验、勤于思考的结果。研究表明，灵感的出现有一定的规律性。首先，灵感出现的基本条件是个体对所要研究的问题有一个长时间的思考，要反复考虑所要解决问题的一切方面、一切角度及一切可能。这种苦思冥想是灵感产生的前提。其实灵感的出现是对某一问题的一切方面经过深入考虑之后所达成的瓜熟蒂落、水到渠成的境界。其次，注意力高度集中在所要解决的问题上，甚至达到痴迷的程度，这样可以全身心地投入思考，使要解决的问题时时环绕在心。最后，灵感出现的最佳时机是在长期紧张思考之后短暂放松状态下出来的，因为紧张后的放松，大脑灵活，感受力强，最易产生联想和触发新意。

三、创造性思维的过程

创造性思维在解决问题的活动中，需要一定的过程。心理学家对这个过程也做过大量的研究。比较有代表性的是英国心理学家 G. 华莱士所提出的四阶段论和美国心理学家艾曼贝尔（T.Amabile）所提出的五阶段论。G. 华莱士认为，任何创造过程都包括准备阶段、酝酿阶段、豁朗阶段和验证阶段四个阶段。而艾曼贝尔从信息论的角度出发，认为创造活动过程由提出问题或任务、准备、产生反应、验证反应和结果五个阶段组成，并且可以循环运转。以下是 G. 华莱士的四阶段。

（一）准备阶段

准备阶段是创造性思维活动过程的第一个阶段。这个阶段是搜集信息，整理资料，做前期准备的阶段。由于对要解决的问题存在许多未知数，所以要搜集前人的知识经验来对问题形成新的认识，从而为创造活动的下一个阶段做准备。如爱迪生为了发明电灯，据说，仅收集资料整理成的笔记就有 200 多本，4 万多页。可见，任何发明创造都不是凭空想象，都是在日积月累、大量观察研究的基础上进行的。

（二）酝酿阶段

酝酿阶段主要对前一阶段所搜集的信息、资料进行消化和吸收，在此基础上，找出问题的关键点，以便考虑解决这个问题的各种策略。在这个过程中，有些问题由于一时难以找到有效的答案，通常会把它们暂时搁置。但思维活动并没有因此而停止，这些问题会时刻萦绕在头脑中，甚至转化为一种潜意识。在这个过程中，容易让人产生狂热的状态，如"牛顿把手表当成鸡蛋煮"就是典型的钻研问题狂热者。在这个阶段，要注意有机结合思维的紧张与放松，使其向更有利于解决问题的方向发展。

（三）豁朗阶段

豁朗阶段即顿悟阶段。经过前两个阶段的准备和酝酿，思维已达到一个相当成熟的阶段，在解决问题的过程中，常常会进入一种豁然开朗的状态，这就是前面所讲的灵感。如耐克公司的创始人比尔·鲍尔曼，有一天，他正在吃妻子做的威化饼，感觉特别舒服。于是，他被触动了，如果把跑鞋制成威化饼的样式，会有怎样的效果呢？接着，他就拿着妻子做威化饼的特制铁锅到办公室研究起来。之后，他制成了第一双鞋样。这就是有名的耐克鞋的发明。

（四）验证阶段

验证阶段又叫实施阶段，这一阶段主要是把通过前面三个阶段形成的方法和策略进行检验，以求得到更合理的方案。这是一个否定—肯定—否定的循环过程。通过不断的实践检验，从而得出最恰当的创造性思维过程。

四、创造性思维因子

大学生创造性思维的影响因素多种多样，有人把它们分为智力因素和非智力因素，也有人把它们分为学业成就和性别差异。我们主要从内在因素和外在因素两方面对创造性思维因子进行探讨。

（一）外在因素

1. 经济因素

社会生产力的提高，促进了物质领域的发展。发明和革新一般出现在物质文化领域中，社会生产力是创造的重要条件。生产的发展以及生产水平的提高，给创造性活动提供了良好的物质条件和物质手段，而生产的发展，又不断让人们有新的思考，鼓励人们去探索世界的奥妙，新的创造就是在这种需要的推动下产生和发展的。有人对青海大学生创造性思维现状进行了调查，调查结果发现，青海地区大学生发散思维的发展水平相对较低，即在短时间内发表的观点有限，思维容易受到定势和功能固着的负面作用，新颖、独特的见解相对较少，这种状况与青海地区相对落后的经济和教育水平有着密切的关系。

2. 文化因素

文化因素主要体现在传统文化的负面影响效应上。儒家文化是中华民族的主流文化，它对于中华民族的发展有着深远的影响，但同时它使我国人民缺少形成创造性人才的良好社会环境。儒家提倡的"不偏不倚，无过无不及，过犹不及"的中庸思想，道家提倡的"谦下不争""不敢为天下先"的避世思想，对中华民族的大众心理和民族性格影响深远。

3. 教育因素

教育因素主要体现在教育观念的滞后。尽管近年来素质教育不断深化改革，但是社会、学校和家庭对创新教育的关注度仍然不足。学生的成绩才是民众最为重视的热点，对学生创造性思维的培养则不受重视。对孩子的教育，过于强调知识传授，忽略对创造性思维的培养等。针对大学生调查结果表明，学生在课外科技活动中存在着许多问题，如专业知识匮乏、宣传力不足、资金和场所欠缺、专业教师的指导以及活动内容和形式单一、活动中对创造性思维培养的重视度不够等。

（二）内在因素

1. 情绪因素

原始情绪状态和即时诱发情绪都会对创造性思维产生影响。具体而言，当个体处于积极情绪状态或消极情绪诱发状态下，创造性思维有较高的产出，而且这两个自变量之间存在着一定的交互作用。此外，情绪调节也有助于个体形成创造性思维。

2. 智力因素

智力是个体认识能力和活动水平所能达到的程度，是多种能力的综合，包括观察力、记忆力、思维能力、想象能力、实践能力等。这些能力对科学创新和创造性思维都起到了非常重要的作用。非智力因素，即兴趣、情绪、意志、性格与道德情操也会对创造性思维产生一定的影响。智力因素与非智力因素都会对创造性思维产生积极的影响，两者相辅相成，缺一不可。

3. 性别因素

性别对个体创造性的形成起着重要的作用。据统计，从诺贝尔奖设立至今，获此殊荣的女性屈指可数。而古今中外杰出的女科学家、女发明家及女思想家也是罕见的。通过研究表明，在创造性思维方面，男女在流畅性和言语得分上存在着显著差异，女生成绩高于男生，而在变通性、独创性、图形得分和量表总分上，两者不存在差异。

4. 认知因素

创造性思维的影响因素有很多，包括知识结构、各种思维能力、元认知能力、认知因素等，其中认知因素起到了非常重要的作用，如迁移、启发、思维定式、表征、酝酿。思维定式对创造性思维具有很大的影响，它包括心理定式、文化定式、从众定式、权威定式和经验定式等诸多方面。

5. 个性品质因素

创造性思维受家庭、学校教育、社会文化及个体品质的影响。个体品质与创造性思维的关系是最为密切的，如兴趣、好奇心、自信心、恒心、独立性等个性特点，它们都会在一定程度上影响创造性思维的发展。

五、常见的创造性思维障碍

（一）习惯型思维障碍

习惯型思维障碍是人们不由自主地经常犯的一种错误，无论是古人还是现代人都不可避免。

习惯型思维并不总是有害的。对于有些简单的问题，如日常生活中的小事，按照习惯去思考、去行事，可能节省时间，或者少费脑筋。例如，写字是先找纸还是先找笔，早上起来是先洗脸还是先刷牙，各人有各人的习惯，都无不可。人的思维不仅有惯性，还有惰性，对于比较复杂的问题如果如法炮制，那么就会使我们犯错误，或者面对新问题一筹莫展。

（二）直线型思维障碍

人们由于在解决简单问题时只需用一就是一，二就是二，或 A=B、B=C，则 A=C 这样的直线型思维方式就可以，往往在解决复杂问题时也是如此。在学习时，虽然也遇到过稍微复杂的数学问题、物理问题，但多数情况下是把类似的例题拿来照搬；对待需要认真分析，全面考虑的社会问题、历史问题或文学艺术方面的课题，经常是死记硬背现成的答案。这样就养成了直线型思维习惯。如果没有打破直线型思维的训练和实践，即使是比较有经验的人也免不了陷入思维的误区。

（三）权威型思维障碍

在长期的学习、工作和生活中，逐渐形成了对权威的尊敬甚至崇拜。这是因为权威或是领导，或是长辈，或是专家，社会舆论也经常把有学问、有经验的人广为宣传，使他们的名望更高。尊重权威当然没有什么错，但一切都按照权威的意见办事，不敢怀疑权威的理论或观点，不敢逾越权威半步，就成为创新思维的极大障碍。权威的意见只是在一定时间、一定范围是正确的，而实践才是检验真理的唯一标准。最有名的例子是莱特兄弟发明飞机的故事。当普通的自行车工莱特兄弟要发明飞机时，许多有名的物理学家都提出了否定的意见，甚至说要想让比重比空气大的机械装置在空气中浮起来是不可能的事情。然而莱特兄弟不迷信权威，经过多次实验，终于让世界上第一架飞机飞上了蓝天。权威人物被自己的知识和经验限制住了，自己给自己设置了思维上的障碍。不为权威的已有的意见所限制，没有任何框条，从头研究，反而能够取得成功。著名哲学家罗素有一次来中国讲学，他在讲台上首先提出了一个问题："2+2=？"台下人都以为罗素会说出奇特的答案，听课的几百人面面相觑，无人作答，怕自己答错，被别人看不起。罗素笑着说，2加2等于4嘛，你们为什么不敢回答呢？无非是以为我的答案与常识不一样，你们千万不要迷信权威。英国皇家学会的会徽上就镶嵌着一行耐人寻味的字：不要迷信权威，人云亦云。我国著名画家齐白石曾说过：学我者生，似我者死。这些例子告诉我们，对于权威，应当学习他们的长处，以他们的理论或学说作为基础和起点，但不可一味模仿。

（四）从众型思维障碍

从众心理，就是不带头，不冒尖，一切都随大流的心理状态。在实际生活中，大多数人都可能因从众心理而陷入盲目性，明明稍加独立思考就能正确决策的事，偏偏跟着大家走弯路，这就是从众型思维障碍。一位心理学家做了一个实验：让一个人跟着另外4个人走进实验室，地上画着4条长度不等但相差不多的直线a、b、c、d，然后问：直线a与b、c、d中的哪条长度最接近？前面4个人都回答是c，后面那个人看了一会儿，认为是b（实际上这个答案是对的），刚想回答，心理学家说：再想一想，到底是哪条？他又想了一会儿，回答说：是c。为什么自己开始时的判断是正确的，后来却改口了呢？原来，当心理学家让他再想一想的时候，他想，难道人家4个人都错了，就我一个人是对的吗？不可能吧？这就是典型的从众心理现象。物理学家富尔顿由于研究工作的需要，要测量固体氦的热传导系数。由于他采用的是一种新的测量方法，测出的数值比过去公认的理论计算出来的数值高出500倍。富尔顿大吃一惊：这个差距也太大了！他迟疑了一阵，决定把这个结果束之高阁，没有告诉别人，也没有继续研究下去。没过多久，一位年轻的美国科学家在实验中也测出了和富尔顿相同的结果，而且把结果公布了出去，同时在此基础上发明了一种新的测量热传导系数的方法。由于这位科学家的数据和方法真实准确，科学界很快就给予了承认，还纷纷赞扬他的创新精神。富尔顿听说此事后追悔莫及，痛心地说："如果我当时除去习惯的帽子，戴上创新的帽子，那个年轻人绝不可能抢走我的荣誉。"

（五）书本型思维障碍

很多人认为，一个人的书本知识多了，比如，上了大学，读了硕士、博士，就必然有很强的创新能力。还有的人认为，书本上写的都是正确的，遇到难题先查书，如果自己发现的情况与书本上不一样那就是自己错了。在这种认识的指导下，书上没有说的不敢做，书上说不能做的更不敢做；读书比自己多的人说的话百分之百地全信，一点也不敢怀疑。这种对于书本的迷信阻碍了人们去纠正前人的失误，探索新的领域。我们把这种由于对书本知识的过分相信而不能突破和创新的思维就叫作书本型思维障碍。书本知识固然是重要的，但是书本知识毕竟是经验的总结，时代发展了，情况变化了，书本知识也可能过时。诺贝尔物理学奖的获得者、美国物理学家温伯格说过一段很值得我们深思的话：不要安于书本上给你的答案，要去尝试下一步，尝试发现有什么与书本上不同的东西。这种素质可能比智力更重要，往往成为最好的学生和次好的学生的分水岭。正确的态度应当是既要学习书本知识，接受书本知识的理论指导，又要防止书本知识可能包含的缺陷、错误或落后于现实的局限性。在从事创新活动时，要对所应用的书本知识进行严格的检验，而检验的唯一标准是实践。

（六）自我中心型思维障碍

在日常生活中，我们常常可以看到有些人特别固执，思考问题时以自我为中心，阻碍了创新思维。这些人有的还是很有能力的，做出过一些成绩，但他们从此就觉得自己了不起。我们在取得了一定成绩或学到了一种本领之后，不要局限在自己已有知识或成果的范围内，不要以为按照自己的思维模式就可以以不变应万变。

（七）其他类型的思维障碍

还有一些思维障碍，在不同的人那里表现的严重程度不同。如自卑型思维障碍、麻木型思维障碍、偏执型思维障碍等。

1. 自卑型思维障碍

自卑型思维障碍就是非常不自信，由于过去的失败或成绩较差，受到过别人的轻视，产生了自卑心理。在这种心理的支配下，不敢去做没有把握的事情。

2. 麻木型思维障碍

麻木型思维障碍表现为不敏感，思维不活跃。有这种思维障碍的人注意力不够集中，兴奋不起来，对关键问题不能够及时捕捉。

3. 偏执型思维障碍

他们大多颇为自信，但有的是钻牛角尖，明知这条道路走不通，非要往前闯。喜欢跟别人唱对台戏，走了许多弯路还不愿回头。

六、突破思维障碍的方法

思维障碍抑制着我们的创新意识，使我们的创新能力难以得到进一步的提高。要提高创新和创造能力就应该突破思维障碍，而突破思维障碍的关键就是拓宽思维视角。具体方法如下：

（一）改变思考顺序

我们思考问题时常常按顺序思考，这样能使我们较为方便地找到问题的切入点，并且这样也的确能帮助我们解决一些问题，但客观事物的发展是千变万化的，凡事都按顺序思考未必能真实地反映事物的客观规律。

一个立志于创新的人，一定要深刻认识这种思考问题顺序的局限性。我们要多从事物的对立面考虑，也就是我们说的逆向思维。很多时候，逆向思维能将我们带入"山重水复疑无路，柳暗花明又一村"的境界。它站在问题的对立面，使问题得以有效解决。

（二）转化思维方式

哲学的基本原理告诉我们，世界万物是普遍联系的，这些相互联系的事物是可以转化的，在创新学里我们的转化更多指的是思维方式的转化：将直接转化为间接，将复杂转化为简单，将不可能转化为可能。思维方式的转化分为以下几点：

一是要改变自己的意识，如果自己不想创新，或不愿创新，那么即使有再多的创新方法提供给你也于事无补，要想创新首先要明确自己的意识，然后选择合适的方法去努力。二是要肯动脑，创新不是嘴上说说就能达到的，即使你有创新的意识，然而却不积极动脑，那也是不行的。三是态度要端正，不能盲从，要有较强的意志力。

七、心理学视角和哲学角度下的创造性思维与创新创业

第一，意志的培养。意志是有意识的支配、调节行为，通过克服困难，以实现预定目的的心理过程。人的一切有目的的活动和行为都是意志活动。但是，日常生活，在这些具有目的性和方向性的活动和行为中，意志的因素表现得并不明显。但在创造性活动中，存在着巨大的障碍和困难需要去克服，目的性和方向性就表现得异常明显。在这种情况下，意志因素起着异常重要的作用。可以说，创造性活动也就是复杂的意志活动。

第二，内部动机的培养。这是由心理学家阿玛拜尔提出的创造性活动中一个非常重要的心理品质。有无创造意识和创造意识高低是与内部动机紧密联系的。某些外力的作用引起创造意识活跃起来，这是外部动机的作用。与外部动机相比，人的内部愿望更为重要。外部动机要发生作用，必须转化为人的内在需要。如果外部压力没有变成个人的愿望，那么创造意识就不可能活跃起来。

第三，自信的培养。自信是一种正确、积极的自我观念和自我评价，是一种对自己认可、肯定和支持的态度。自信心是个体所具有的自我肯定意识，它对一个人性格的形成具有重要的影响。自信的人，坚信自己以及自己所从事的事业的正确性，并坚信自己一定会取得成功。从事创造性活动尤其需要自信。

第四，心理安全这一心理素质的培养。罗杰斯提出"心理安全"这个概念，是针对个体创造性人格的发展所必需的条件表达出他的理解。个体的内部环境和外部环境都会影响其创造性人格的发展，而心理安全是内部环境的核心内容。为了说明心理安全，罗杰斯用农夫和种子的关系来打比方。虽然农夫不能使种子生

长，但是他可以提供培育种子的条件，允许种子发展自己的潜能。同样的，教师、专家以及其他希望促进人的发展的人们都能够建立心理安全的条件，允许个体发展。心理安全与三个过程相联系：接受个体，减少对个体的外部评价，以及对个体的移情理解。其中，无条件地接受个体是心理安全的核心。

第五，涌流这一心理素质的培养。美国心理学家米哈里·契科森米哈认为，涌流指一个人对某一项活动的专注状态，这种专注状态使这个人完全不在乎其他任何东西；对活动本身的体验就是如此的令人愉快，使从事这项活动是为了享受这项活动带来的愉悦，甚至不惜为此付出代价。如何才能做到这点呢？这里有几条具体的建议：每天带着一个要追求的特殊目标；把事情干好，它会令人开心；为了能保持欣赏事物的态度，需要增加事物的复杂性。

第五节　创造性思维的应用

一、学校方面

学校是学生完成系统知识建构和培养思维创造性的重要场所。教育是依据学校所秉承的教育理念、所设定的课程规划来进行的具有明确对象的活动。学校所秉承的教育理念对应的就是所组织的教育实践，所设定的课程规划对具体的教育实践具有极大的指导意义。学校要紧跟国家政策动向，依据社会人才需求、学科特性、基本学情等合理规划教学活动。

学校的教育理念应跟随时代的发展和进步，与时俱进。古代教育理念遵从"学而优则仕"，从"好学者"到"为官为政"，从培养君子到实施仁政、德政；现代教育理念更多强调的是德智体美劳全面发展，社会要求的要自觉遵循"社会主义核心价值观"和正能量同时体现在教育理念中。学校还应不断探索全新的教育理念以适应不断变化的学情。创造性思维的培养要求个体应具备创新创造能力，也就是对未知事物的无限好奇，敢于对未知领域进行探索，勇于深入研究创造，注重对能力的培养，逐渐适应个体思维发展的需要。

学校的课程规划是在基础教学过程中，遵循学生的特点，从学校总体培养目标出发所建立的适应学生发展需求的体制，同时建构课程与学生之间相适合的教学内容。合理的课程规划可以将课本与实践相结合，理论与实践相互作用，以提升学生的学习兴趣，促进其进行有意义的主动学习，激发其创造性；合理的课程规划也可以促使教师不断加强对实践的吸收，将从日常生活中所获得的认识同对课程的理解相结合，直接经验和间接经验相互作用，以充实教师的理论和实践内涵，提高教师对学生创造性思维的培养能力。

二、教师方面

教师的实践教学工作对学生创造性思维的培养具有直接作用。托伦斯认为："要使师生关系朝着有利于创造力的方向发展，不应当把它建筑在'刺激—反应'的基础上，应当建立在有着生动的相互关系和共同体验的基础上。"这实际上是将教学重心从"教"转移到"学"上，那么首先应解决教师"教"的问题，也就是对教师自身创造性思维能力的要求；其次是教师对学生"学"的问题的解决。

对教师而言，其自身应具备较高的创造性思维能力和思考反馈能力。在现实教学过程中，一个缺乏创造性思维的教师很难培养出具备创造性思维的学生。因此，教师首先应具有创新精神。不照本宣科，不墨守成规，敢于打破书本的禁锢，从书本出发但不拘泥于书本的固定内容，能将实践中的经验与理论有机融合，输出内容的同时也要鼓舞学生自觉输出，相互间保持平等关系，宽松的教学环境更能激发学生的创造性。

在学生"学"的过程中，教师应发挥引导者的角色。首先是教会学生自主学习，使其可以自觉学习、自动学习。作为教师不应在学生刚接触到某一知识点时就将该知识点的相关内容进行全部讲授。但在实际教学过程中，学生在某一问题上存疑或是无法解决时，教师在第一时间就对其进行了"答疑释惑"，这样就显得过于心急。在遇到问题时，凡是需要求助于教师进行解决的，教师可以先对问题进行评判，但不对其结论或调查下结论，让学生自行解决，可以提供思路，但不能提供具体的解题步骤，这样不仅能够培养学生的独立思考能力，加强教师与学生、学生与学生间的互相协作能力，也能让学生对某一事物进行深刻的认识，从而全面而充分地掌握其知识点。其次是教师对于学生在"学"的过程中要"容错"，容许学生犯错，尤其是容许学生的"创造性错误"。在学生个人或集体进行创造时，出现错误非常正常，尤其是在遇到相似性的问题时，教师应鼓励学生"犯错"，错误的出现能激发学生对问题的敏感度，一个感觉敏锐的人更能产生联想，发现其中的区别与联系，从而发现新的信息用以解决问题。在学生的兴趣点达到顶峰时，其创造性思维的培养也就形成了。

三、学生方面

对学生创造性思维培养的方式多种多样，但在其思维形成之前不仅应正确认识自我，正确认识自己的价值，有意识地挖掘自身的潜能，还应明确职责，树立正确目标，注重多样化发展。

正确认识自我，就是学生面对高压与懈怠时，能够从自身价值出发，转换被动接受为主动接受，增强自我意识，培养自我创造力。在增强自我意识、培养创造力时，要从思想上进行"断奶"，将以往对于教师和家长的监督所产生的适应性及时摒除，有意识地进行自我探索和发现新事物，敢于在课堂上表达自己的想法和观点，转变课堂上普遍存在的一遇到提问就低头的现象，勇敢地抬起头，把头脑从固有思维的条条框框中解放出来，积极勇敢地探索新世界，激发自我潜能，形成创造性思维方式。

周恩来"为中华崛起而读书"，习近平总书记"我将无我，不负人民"，从中我们可以感受到"鸿鹄之志"，可以学习到责任和目标的重要性，也能推及自身。作为学生，也应树立自己远大的"鸿鹄之志"，做一名合格的人，明确自身职责，注重多样化的发展。俗话说，能力与责任成正比关系，学生阶段的责任在于对学习内容的全面掌握与应用。因此在这一阶段，学生应积极培养创新精神，促进创造性思维的形成。打破固有理念和思维方式，让学生敢于表达、勇于突破，是敦促创造性思维产生的重要前提和保障。学校与教师的联合培养，可以使学生不必担心错误的出现，不迷信知识和权威，敢于提出质疑和批判。鼓励学生积极探索并发现现有教学体制中存在的不足之处，这对学生而言是好奇心得到满足、创造性得到释放、个性化得到培养的重要途径；对学校和教师而言是体制的完善和理念的进步。

第七章　新元素、新技术在文化创意产品设计中的应用

第一节　语义学在文化创意产品设计中的应用

文化创意产品是以文物和文化为元素，通过设计开发的具有文化性与创意性的产品。现阶段，文化创意产品作为文化产业的重要衍生品之一，受到了越来越多的关注，而一些问题也随之暴露。

首先，市场定位模糊，博物馆特色不明显。虽然已有故宫博物院、中国国家博物馆为首的一批国家级博物馆将文化创意产品做得风生水起，但大多数博物馆缺乏自主研发能力，文化创意产品只是停留在简单的复制、微缩层面。其次，产品创意不足，缺乏吸引力。文化创意产品虽然品种繁多，但以纸本、围巾、杯子、钥匙扣等类似的产品居多，不足以吸引公众。而且，对博物馆临展以及特定节庆所推出的衍生品开发不足，文化创意产品更新慢，缺乏创意。最后，文化符号缺失，文化功能不足。文化创意产品的设计与开发是实现博物馆 IP 资源物化的过程。目前，很多文化创意产品只是通过对文物图案生硬地提取制作而成，未能对文化符号的内涵进行拓展和延伸，没有做到真正使"文物活起来"。

在这种背景下，要想改变文化创意产品的局限性，就要在设计中转变设计思维，使文化创意产品根植于中华文化，实现创新性的发展。

一、语义学在文化创意产品中的应用

（一）语义学的概念

语义学是符号学的重要组成部分，最早由美国符号学家莫里斯提出，他将符号学明确分为语构学、语义学和语用学这三部分。在文化创意产品设计中，语义学实际上是研究设计符号与其象征意义之间的关系。根据索绪尔的二元关系论，就文化创意产品来说，其"能指"代表的是文化创意产品形式，主要为产品的造型、功能结构、材料肌理等物理存在；而"所指"则是文化创意产品的隐性内容，包括产品风格、产品的美学意义、产品功能、社会意识及科学水平等，它所传达的是设计师对设计文化创意产品背后的博物馆文化、思想与价值观的表达。文化创意产品符号是借由能指与所指的关系来揭示文化创意产品的意义。

（二）语义学在文化创意产品设计中的重要性

文化创意产品是根据馆藏文化而进行设计，是将博物馆所蕴含的文化因素通过产品展示给受众。挖掘博物馆具有代表性的文化符号，是文化创意产品设计与开发的基础，而如何将传统文化符号或内容转化为现代的产品，为受众所喜爱，这就需要设计师在对博物馆文化进行深入研究的基础上，通过一定的载体和文化符号实现博物馆文化资源的物化。在语义学指导下的文化创意产品设计，是从"能指"与"所指"这两个方面对文化创意产品与博物馆文化进行匹配，通过让文化创意产品"说话"，从而传达其深层意义。在文化创意产品设计中，结合语义学的主要目的是将文化符号作为博物馆文化的具象化的手段，利用语义学的形式与文化创意产品的功能语境、使用语境相配合，使文化符号与文化创意产品相得益彰。

二、故宫博物院文化创意产品语义学特征解析

关于语义学研究符号能指与所指的关系问题，在文化创意产品中，能指可视

为产品的形式，所指可视为产品的内容。换言之，人们通过感觉器官来体验文化创意产品所反映的特征，继而通过对表现特征的认识来理解文化创意产品的内容。在皮尔斯的理论中，按能指与所指的关系，可以将符号分为图像符号、指示符号与象征符号三类，对应文化创意产品来说，它们具有不同的意义和特征。

（一）图像符号

图像符号指文化创意产品的形式与表达内容之间具有形象相似性，借用已具有意义的事物来表达文化创意产品的意义。在故宫博物院文化创意产品中，有些产品的装饰图像和结构形式通过对馆藏文物或历史人物形象进行引用、抽象、简化的处理，作用在文化创意产品形体上。例如，故宫文化创意产品中的太平有象书签，产品造型源于故宫博物院院藏清代錾胎珐琅太平有象，设计师选取珐琅器中宝瓶以及"太平有象"的吉祥形象进行几何抽象，使精密繁复的珐琅彩被简化为色彩斑斓的几何纹样，在满足产品功能的同时传承了博物馆文化。

图像符号作为文化创意产品内容意指的主要方式，在故宫文创中得到广泛应用，这一类的文化符号主要是基于对形式美、视觉效果的考虑，利用图像纹样或其复合体来表达文化创意产品的意义。

（二）指示符号

指示符号指文化创意产品形式与意义的内容之间有实质的、因果的、空间的或逻辑的关系。皮尔斯指出："指示符号是这样一种符号，它之所以指称某对象，凭的是受此对象的影响（being affected by）。"指示符号是故宫文化创意产品中最基础的符号，也是设计师表达设计手法的重要展示元素。最典型的就是由故宫博物院出版社推出的《故宫日历》，后来《故宫日历》重新设计出版，以生肖图案为主题，并增加了文物赏析设计，串联各个日期、节气，强化了其时间性指示功能，体现了现实与历史的传承与演变，具有造型新颖、功能丰富的特点。另外，故宫博物院善用文字性指示符号，将文字书写在文化创意产品外观醒目的位置上，以诙谐幽默的方式意指文化创意产品的功能特点。

（三）象征符号

象征符号指文化创意产品形式和意义之间并无直接联系，而是依靠约定俗成的理解产生某种观念的联想，具有抽象或隐喻象征的作用。象征符号在文化创意产品中的运用，大大丰富了文化创意产品的内容，使它不再是一个纯粹的工业产品，而且具有文化意义。

（1）产品造型的象征意义。这一类的象征属于抽象象征，指用某种可以直觉或想象的图像表示或暗示某种不可见的意蕴。在故宫博物院文化创意产品设计中，产品造型通过对博物院建筑、院藏等进行抽象、简化来表现故宫以及中国传统文化的意义。例如，"事事如意"茶具的造型源于故宫院藏文物《岁朝佳兆图》中的柿子形象，整套茶具饱满润泽，在壶盖处特地采用了柿蒂的造型，融入"事事如意，时时称心"的寓意，将福佑从宫廷向外自由延伸。

（2）装饰图案的象征意义。故宫博物院文化创意产品中的装饰图案主要分为抽象性符号和寓意象征形象两种。抽象符号有牡丹纹、缠枝纹、龙云纹、花鸟纹、万字纹，以及福、禄、寿等吉祥文字，这些符号形式变化多样，且都带有祥兆之意。寓意象征形象有龙纹，象征神武与权力，凤纹象征祥瑞，云鹤纹有延年益寿之意，莲花纹象征着纯洁，葫芦纹有吉祥兴旺之意；此外，还有鸿雁、枝梅、鸳鸯、鹿、鲤鱼、双兽等。这些符号与形象通过不同的变形与组合，使文创作品体现出独特的装饰特点以及意蕴。

（3）色彩的象征意义。在中国传统文化中，色彩不仅是礼仪宗教、伦理哲学、文学艺术以及思想观念的反馈，也是中国传统文化的精髓之一。故宫博物院文化创意产品色彩的设计极为考究，正是对中国传统色彩美学理论的巧妙运用，以此来表达文化创意产品的思想，在满足使用功能的同时也满足着社会、文化的"隐形"需求。

三、基于语义学的文化创意产品设计

文化创意产品来源于文化，也代表着文化，是人们"带回家的博物馆"。基于语义学的文化创意产品设计，是在语义学的指导下，提取博物馆文化符号并将其编码与产品语义的能指和所指相匹配的过程。在这个过程中，应该结合语境将博物馆传统文化符号或内容转化为当代人所能接受和喜爱的产品，这样才能更好地体现文化创意产品的价值。

（一）提取博物馆标识性符号

博物馆作为中华传统文化的资源宝库，具有丰富性和独特性的特点，给予了文化创意产品丰厚的灵感来源。如何挖掘博物馆极具代表性的符号，是文化创意产品设计开发的基础。博物馆是以地域文化为背景，依托遗址以及馆藏而建立，因此博物馆明星馆藏以及建筑都可以成为其文化创意产品设计的标识性符号，如卢浮宫博物院利用其明星馆藏《蒙娜丽莎》开发了一系列的文化创意产品以及专题导览手册，使其深入人心。文化创意产品对博物馆的标识性符号进行强化与传播，明确了文化创意产品定位与自身特点，可以更好地将产品语义传达给受众。

（二）提取博物馆符号的"所指"

文化创意产品区别于普通文化创意产品的原因是将博物馆独有的历史文化注入产品中，同时具备"能指"与"所指"的功能，成为沟通博物馆与受众之间的桥梁。中国传统文化底蕴深厚，无论是图形符号还是色彩符号都有其特殊的意蕴，因此对博物馆符号的提取，不能简单地理解为是对某个纹样或图案的提取与复制，而是对文化元素进行综合设计。

中国传统文化具有极为丰富的符号学内涵，因此根植于这种文化背景中的中国符号学研究，从起步就显示出与众不同的勃勃生机。在我国文化创意产品的设计过程中，更应充分考虑其背后所蕴含中华文化元素，结合图像符号、指示符号和象征符号，使文化创意产品的语义得到充分表现。

（三）提取不同语境的符号

语境的不同，符号主体的不同以及解释者的不同都会导致符号所传达意义的不同，因此文化创意产品的设计要结合产品的使用语境、功能语境，将产品语义准确地表达出来。对博物馆来说，就是要利用语义学的原理，把自身的历史文化资源转化为现代文化创意产品，调和、衔接传统与现代之间的矛盾。例如，大英博物馆结合馆藏推出的小黄鸭系列文化创意产品，将博物馆文化元素与现代受众记忆点相结合，既满足了文化创意产品的语义功能，又为博物馆文创注入了新的生机与活力。

除这一类创新性的产品以外，也要注重情感类文化创意产品的开发，如在春节、情人节、母亲节等特殊节日里开发跟人们情感相关的文化创意产品，往往会激发受众的购买兴趣，同时能传达文化创意产品的内涵，体现特定社会的价值取向和时代感。

当前，我国文化创意产品虽有所发展，但仍然在产品特色、创意、品质等方面存在不足。通过语义学在文化创意产品设计中的合理利用，确立博物馆自身标识性的文化符号，对文化创意产品从能指与所指两个方面进行设计，将文化资源转化为物化产品，为文化创意产品的开发提供了科学的策略。同时，也有利于博物馆传播自身的文化，发挥其教育、宣传功能，实现新的时代价值。

第二节　中国风尚在文化创意产品设计中的运用

一、从"全球化"视域看中国风尚的演变

（一）17—18 世纪盛行于欧洲的中国风

17—18 世纪盛行于欧洲的中国风，主要盛行于上流社会且价格高昂，受众人群少；主要通过对器物和著名游记记录去了解中国，比较单一、片面。由于每个国家的背景都不一样，中国风的表现也不尽相同。

（二）19—20 世纪的中国风

19 世纪由于国外列强侵略，我国大量精美的器物以及文献资料流传出去，

使欧美等国家对中国的艺术有了进一步的了解，不只是停留在"物"的表象。20世纪，国外大学成立专门研究中国艺术的研究机构，加上考古学等的发展，使更多的人去关注、探讨"物"背后的研究价值。

（三）21 世纪的中国风尚

21 世纪的中国风尚，更多的是代表当下的一种态度，价值认同感，人们自省意识开始崛起。21 世纪，中国的快速发展使中国风再一次走向世界的舞台中央，吸引了更多的本土设计师以及外来设计师的关注，国人不断意识到传统符号与传统文化的价值。而博物馆作为文化资源的重要聚集中心，拥有得天独厚的资源优势，无疑是设计师对中国风设计灵感来源地的不二之选。

二、发展文化创意产品设计的意义

（一）文化市场的需求

博物馆的文创激情，被政府一连串的政策彻底点燃，国务院、国家文物局及相关部委密集出台一系列文件和措施，更加重视博物馆的发展，让市场发力。鼓励博物馆依托馆藏资源，大力发展文创产业，积极探索文物活起来的有效途径。首次将文化行业纳入国家 PPP 推广战略；到 2020 年培育 1000 个左右具有休闲旅游、商贸物流、现代制造、教育科技、传统文化、美丽宜居的特色小镇等各种文化产业政策的推动，促使了文化创意产品黄金时代的到来。而博物馆有着丰富的典藏品的数量和高度的文化典藏价值，然而以实物展览为主的传播具有一定的局限性。不仅使博物馆的传播功能受到局限，也无法拓展博物馆信息的深度和广度，更无法满足大众现今更为多元化的需求。因此，文化创意产品设计作为博物馆辅助的传播手段，无疑成为博物馆文化内涵的最好方式。配合相应主题的文化创意产品，在博物馆内或合作场所销售，让参观者可以将"展品"带回家，无形中搭建了大众与馆藏品的桥梁，使之对历史和文化的特殊情节移情于文化创意产品上，既感受了博物馆的文化熏陶，又有良好的替代作用。

（二）博物馆实现持久经营的需要

博物馆要想实现持久经营，首先需要拥有足够的经费来保障博物馆的运营，因此，借由博物馆产品的开发来为自身获得经济效益不失为博物馆的有效经济增长途径。以台北故宫为例，仅推出的"Old is New"专案设计开发的产品，一年内销售将近 20 000 个，取得约 8 500 000 元的业绩，占总营收的 9%。而文化创意产品传播越广，对博物馆的社会影响力也就越大，所带来的经济效益也会随之提高。在实现博物馆的持久经营的同时，通过文化创意产品所创造的资金对博物馆藏品的研究、展示、教育、发展等方面可进行有效的再分配。

三、中国风尚在文化创意产品设计中的运用

（一）以"形"立意的产品表达

以"形"立意的产品设计，主要是指对藏品的直接复制。往往会选择代表性藏品为对象，对其进行完整的复制或局部元素的复制。其优点在于对藏品宣传的同时，也是以一种新的方式向人们展示藏品，多为纪念收藏之用。

（二）以"意"立意的产品表达

以"意"立意的产品设计主要是除满足消费者对产品功能的基本需求外，在产品的使用定位与感觉认知上，赋予产品意义方面的信息传达，将产品的内部意义透过造型语意与符号的诠释，让消费者理解、感动，成为博物馆与大众之间信息沟通的传达媒介。

（三）以"尚"立意的产品表达

以"尚"立意的产品设计主要是结合当下流行的元素，通过与博物馆藏品有趣的元素提取，二者进行融合碰撞，使产品变得时尚、好玩，进一步吸引更多的消费群体，快速传播进一步增加博物馆的经济效益，更好地优化产品。

我国文化创意产品设计目前还处于起步、探索、培育、发展的初步阶段，基础较薄弱，整体水平不高，与文化创意产品设计发达国家相比差距很大。且大多

数的产品设计比较雷同、产品线单一、缺乏创新以及缺失对产品文化内涵的挖掘和消费者的交流沟通。而欧美国家的文化创意产品现阶段的设计基本是基于博物馆藏品和主题之上的，欧美博物馆把"从藏品中获得灵感"作为文化创意产品设计开发的重要切入点：使博物馆在传播历史文化的同时，为博物馆本身带来丰厚的经济价值，切切实实地做到了以文养文的目标。大英博物馆推出的小黄鸭系列，充分融入英国本土文化，深受人们的喜爱。我们在发展文化创意产品时，不仅要着眼于世界，更要立足于我们的文化根基，使更多的藏品在走入千家万户的同时，能够让人们了解到背后的更多文化内涵。

第三节　3D 打印技术在文化创意产品设计中的应用

设计是为人的生活各方面服务的，设计出来的产品带有设计师的情感态度以及美学内涵，但是现实生活中由于制作工艺的限制以及生产经费有限，设计师在做设计图时往往先考虑是否可以生产出来的问题。随着科学技术的进步，3D 打印技术的出现无疑是这一问题最好的解决办法。3D 打印技术可以实现超高难度的设计外观形态产品，同时可以个性化、小批量生产，此外具有不受地域、时间限制的特点。如果将此技术应用到博物馆产品设计中，将有利于提高文化创意产品设计水平和拓展博物馆的社会功能。

一、文化创意产品设计开发现状

2015 年 3 月，国务院办公厅公布了《博物馆条例》，标志着我国博物馆建设、发展、管理进入法治阶段，明确了国家鼓励博物馆发展的思路。2016 年又相继颁发了系列政策，鼓励博物馆多角度、多元化开发博物馆资源，为文化创意产品设计开发提供了政策支持，使其成为一个完整、成熟的产业链。

近年来，政府相关部门大力支持博物馆各项工作，尤其是扩大博物馆的社会职能，因此推出一系列文化创意产品便成为首要解决的事情。近几年，具有代表性的是北京故宫博物院和台北故宫博物院开发的文化创意产品，其在开发模式、产品形式、宣传推广、营销渠道上都有很大进步，如故宫博物院的"朝珠耳机"，乾隆"朕亦甚想你"折扇，"故宫日历"；台北故宫博物院的"翡翠白菜钥匙扣"，"朕知道了"创意胶带等文化创意产品。但是从全国范围来讲，文化创意产品的设计开发应用水平普遍不高。

目前，国内文化创意产品在设计开发模式、产品形式、宣传推广和营销渠道四方面逐渐形成一个完整的产业链阶段。具体来讲，设计开发模式有两种：一是博物馆与企业、公司、各高等院校合作；二是自主开发。产品形式有两种：一是实物，具有实用功能的日常文化用品；二是新媒体，采用博物馆文化元素或者符号进行 IP 形象、游戏、动画短片、视频等来推广博物馆文化。宣传推广有两种：线下和线上相结合。线下具体有展览、讲座、记者发布会等；线上利用微博、微信、客户端 App 等。营销渠道有两种：实体和"互联网＋"模式相结合，如北京故宫博物院有淘宝店，文化创意产品定期更新，具体有文房书籍、生活潮品、卡通人物娃娃、宫廷饰品、文化衫等。理论上是比较完善成熟的，但是实际执行过程中也会出现各种问题。首先，文化创意产品种类单一，依旧采用传统模式，重复几种产品；其次，特色不够突出，和其他文化创意产品没有区别开；最后，实用性不强，质量参差不齐。

二、3D 打印技术以及应用领域

（一）3D 打印技术的定义及相关概念

3D 打印是快速成型技术的一种，又名增材制造技术，与传统的产品生产工艺有很大不同。借助 3D 打印机打印产品，类似普通打印机的制作方式，不过使用的是液态或者粉末状的塑料、金属、陶瓷等原材料，接着利用计算机辅助设计软件（3 DMAX/C AD 等）建好需要打印的物体 3D 模型，然后使用 3D 打印机开始打印，通常采用逐层叠加的方式黏合原材料，如果物体很大，可以分段打印，最终拼接出一个三维立体物体。

根据打印机的技术原理可将 3D 打印机分为三种：第一种是熔融沉积成型技术——FDM 3D 打印机，主要采用塑料为原材料，3D 打印机的配置和型号有多种选择，打印机的价格相对便宜，个人也可以负担得起。缺点是打印的产品不够精细，但是采用的原材料应用面比较广泛，产品可以回收再利用再生产，同时这种 3D 打印机是目前社会中使用最普遍的一种。主要打印尺寸在 10 ～ 1000mm 的产品，更大的产品可以选择拼接成型。第二种是光固化成型技术——SLA 3D 打印机，主要采用光敏树脂为原材料，这类打印机主要是从国外购买，打印机的价格相对高一些，在几万元到几十万元不等。缺点是脆，不易保存，但是打印的产品精度高，适合打印牙齿、戒指首饰等精细度高的产品。第三种是激光选区烧结技术——SLS 3D 打印机，采用金属粉末为原材料，目前我国生产这类打印机的工厂基本没有，打印机主要是从国外购买，价格很高，一般公司和企业不会购买，主要是大型工业企业选购。3D 打印机可根据自己要打印的产品成型尺寸、打印精细度、打印原材料，有针对性地选择适合自己的 3D 打印机。

（二）3D 打印技术的应用领域

20 世纪 80 年代，世界上突然涌现出一股科技潮流，其中就有 3D 打印技术。近几年，我国 3D 打印技术快速发展，我们生活的各个领域都出现 3D 打印技术产品，尤其是在医学、工业设计、文化艺术、教育、航天科技、汽车行业、建筑、军事、考古等行业。

在医学行业，使用 3D 打印技术打印牙齿和其他骨骼模型，以及制药，解决了药品发潮变质、过期等问题。在工业设计行业，可以使用 3D 打印技术打印一些传统工艺解决不了的工业机械零件。在文化艺术领域，艺术家借助 3D 打印技术创作出具有创新性的作品。在教育行业，可以利用 3D 打印技术开发更多实践体验课供学习者选择。在航天科技领域，可以使用 3D 打印技术制造高难度零件，同时可以降低生产成本。在汽车和建筑行业，借助 3D 打印技术可以解决不可再生资源问题。在历史文物领域，使用 3D 打印技术可以复原珍贵文物，尤其是易碎文物等。3D 打印技术已在多家博物馆用于复制文物和公益活动。例如，国内三星堆博物馆借助该技术对文物进行保护性复制；河南博物院则将 3D 打印技术应用于教育活动，让孩子们能动地体会到制作模型的乐趣。目前，文化创意产品制作也开始使用 3D 打印技术，如英国国家博物馆和 3D 公司合作，推出一项服务，消费者可以从博物馆网站中下载雕塑和艺术品的 3D 模型，使用 3D 打印机自行打印，可以打印自己喜欢的文物或者是平时不会展出的文物，留作收藏或者赠送亲友，为博物馆文化推广拓展指出新的方向。

三、3D 打印技术在文化创意产品设计中的应用分析

（一）3D 打印技术在文化创意产品中的优势

首先是体验多元化，传统参观博物馆文物都是隔着玻璃看的，因为博物馆文物都是很珍贵的，文物一般都是在特定的玻璃罩里面供参观者观看。3D 打印产品消费者可以拿在手中观看抚摸，延伸了对文物的更多体验。其次是地域方面，传统的生产方式是开模生产，需要有大型生产线做支撑，我国东部明显比西部基础条件要好，同时开模工艺制作难度高，需要成本较高。3D 打印产品不受时间和地点的限制，各地区适应性强，灵活性高，只需要有一台电脑和一台 3D 打印机就可以满足生产需要。3D 打印产品即增材制造方式，可以先制作出小批量样品供消费者挑选，使用原材料少，降低了能耗，节约了人力、物力和生产成本。最后，也是很重要的一点，关于产品造型问题，设计师绘制一个效果图，传统制作方式会出现产品做不出来的尴尬情况；3D 打印技术可以打印出外观形态很复杂的产品，如跑车，公共空间灯饰、灯具。

（二）将博物馆文物"带回家"

基于我国经济的快速增长，人们对精神文化需求量很大，节假日组团去博物

馆看展览已成为社会潮流，看完展览很多参观者有把藏品"带回家"的冲动。假如博物馆或者参观者使用 3D 打印技术将这些文物复制出一个三维立体模型，立体文物模型这项服务将会带给参观者全新的观展体验，从而将博物馆的社会功能发挥到最大值。

（三）3D 打印文化创意产品可选材质多元化

文化创意产品的材质选择是设计过程中的一个重要环节，不同的材质选择表达出不一样的设计效果，同时不同的材质选择会给消费者不一样的触觉体验。博物馆文物都是历史上流传下来的精品，制作工艺难度大且复杂，采用传统的制作工艺可能实现不了完美的复制，而且材料的选用单一。3D 打印技术可以选用多种原材料制作，不同文物可以选用不同的材料表达其内在精神气质。

（四）3D 打印文化创意产品激发参观者的学习兴趣

在教育体验活动中，3D 打印技术可以制作出一些拼装的文物模型，家长和孩子一起拼装完成，在这个过程中，增进了家长和孩子之间的感情。当然，博物馆文物模型需要设计师采用一些创新方法进行设计，如文物差异化设计、体验型设计等，让消费者体验到文化存在感和普遍性，进而产生情感共鸣，增强民族自豪感。

新时代产品设计需要新方法。当下私人订制已成为一种社会风尚，使用 3D 打印技术在文化创意产品设计制作中开发应用将会给消费者带来新的感受和体验。在博物馆角度下，如何利用 3D 打印等新技术开发文化创意产品，同时在各方面有更多的创新，将是设计师和文化创意产品相关人员需要思考的问题。在文化创意产品设计开发中引入 3D 打印技术等新技术，人民群众将会对博物馆文物历史文化有更大兴趣，使博物馆文化真正走进人民群众中去。

第四节　激光雕刻技术在文化创意产品中的应用

目前，激光雕刻在机械制造和工业制造领域应用已经相当普遍，具体涉及金属加工行业、印刷包装行业、纺织服装行业、装饰家居行业、航空航天技术领域等。根据前瞻产业研究院发布的《2015—2020 年中国激光加工设备制造行业产销需求预测与转型升级分析报告》统计数据，2008—2014 年，我国激光雕刻设备规模保持稳步增长。2008 年，我国激光雕刻设备市场规模仅为 5.07 亿元，到 2012 年增长超过 100%。2014 年，我国激光雕刻设备市场规模为 12.35 亿元，同比增长率为 8%。

根据文物局"让文物活起来"和"把博物馆带回家"的指示精神，文博行业发展越来越红火，激光雕刻技术在博物馆文化创意产业也开始崭露头角。

一、激光雕刻在文创设计制作方面的优势

激光是原子核外电子受激光辐射经放大而形成的光辐射。激光雕刻是利用较高功率的聚焦激光光束，按照计算机参数信息对被照射物体在移动过程中进行熔融、烧蚀，实现非接触式的切割、蚀刻的工艺。它能有效地解决传统加工方法无法解决的问题，尤其是对那些高硬度、高脆性材料的切割加工，有逐步取代传统切割工艺的趋势。相比传统加工技术，它的优势主要有以下几方面。

（一）设计的数字化

激光雕刻主要依赖数字模型，激光切割机器的操作文件常用格式为 DXF 或者 DWG 格式。文件的绘制可采用如 CAD 和 Adobe Illustrator、Corel Draw 等矢量制作软件，绘图中需设置单位，尺寸按照实际制作尺寸绘制。计算机所绘制数字模型中的线条实际是激光光斑切割材料的移动轨迹。因为数字建模的直观特点，除了在质感上的不同，切割后的文化创意产品几乎别无二致地还原了计算机设计

文件中的图案——"所见即所得"。

（二）产出的平板化

激光雕刻机床本身是个二维的平台，置于其上被切割的材料通常为板材——纸板、木板、亚克力板、铝板、钢板等，制造出的文化创意产品也大多呈平板化。即便一些被巧妙设计的激光雕刻文化创意产品经过制作后呈现三维立体，一般也是在平板的基础上多层叠加或拼插组合而成。

（三）材料的适应性

激光雕刻机分为切割金属材料的光纤激光雕刻机及切割有机材料和合成材料的二氧化碳激光雕刻机。所以，金属、纸张、木头、布料、皮具、亚克力等大多数常用材料基本上可以被加工。

在纸张加工中，传统机械切割法磨砂轮的磨损可能导致"飞边"，手工剪纸又可能会因为刀具的磨损或者需剪掉面积的细小，容易使纸张产生折痕或者撕裂，激光切割制作纸质文化创意产品，其边缘干净、整齐、没有纸张残屑，更可保证均一、优秀的加工质量，方便快捷地做出雕花、镂空效果，用于生产制作贺卡、明信片、灯具灯罩。

在布料的传统加工工艺中，刀模会因为刀刃的变形、变钝而导致布料的脱丝，这给后续的工艺带来了很多麻烦。激光雕刻解决了这一难题，化纤面料在雕刻后易烧熔收缩，可以自然形成不易松散且整齐的轮廓边缘；另外，激光可以在厚的布料和绒皮上进行蚀刻印花，蚀刻深浅变化时还能制作出渐变的效果，为产品雕刻出层次丰富的图案。

（四）制作的高效化

激光雕刻技术主要依赖光斑直径、激光功率、切割速度和工件的位置等参数进行生产操作，切缝的形状大小随着材质的特性不同和参数的设置差异而发生变化。制作过程基本不依赖模具，其精度高、切缝窄、材料磨损少、工件变形小、无接触性，生产成本低、制作效率高，在参数设置与材料性能匹配时能一次成型。

（五）排放的环保性

除高效经济之外，激光雕刻不可忽视的一大特点就是环保性。首先，激光光斑排放的热量小，因此可以减少热量过高时板材融化、变形所导致不必要的损耗；其次，切割时产生的噪声相对传统的机械加工较小；最后，切割过程中虽然会产生少量粉尘，但都有湿式或干式的除尘装置，因此对大气污染较小。

二、激光雕刻在文创设计制作方面的短板

（一）材料厚度有限制

激光雕刻金属板材一般 200W 激光器的雕刻厚度在 1 ～ 2.5 mm。500W 激光器雕刻厚度在 4mm 以下，1000 ～ 2000W 的激光器雕刻厚度不会超过 15mm，具体取决于材料组成。木板、亚克力等材料的加工厚度一般也控制在 15mm 以内。

（二）材料类别有限制

高反射率的铜和铝只有在光纤激光雕刻机系统上安装有"反射吸收"装置的时候才能被加工，否则反射会毁坏光学组件。雕刻诸如热塑性塑料、热硬化材料和人造橡胶的合成材料时要考虑加工的危险和可能排放的有毒气体。

（三）特定材料会碳化"黑边"

竹、木、三合板、纸板等材料使用激光雕刻技术的时候容易炭化导致黑边。根据机器功率等参数的设置和被加工材料的成分构成、厚度特性不同，炭化黑边的颜色深浅也略有差异。一般情况下，功率低，速度快就不容易炭化黑边，但随之也可能导致效果不如预期，需要二次加工。

三、激光雕刻技术支持下的博物馆文创

博物馆文创的开发越来越巧妙灵活，从原来直接复制文物的"硬周边产品"转为借用一个馆藏形象与"衣、食、住、行、用、玩"等实用性功能相结合的"软周边产品"。激光雕刻技术契合了这种图案化的馆藏形象的表达，逐步成为当代

博物馆文创设计制作的常用手段之一。

（一）舌尖上的博物馆文创

苏州博物馆馆藏五代秘色瓷莲花碗，其通体施以青釉，晶莹润洁，造型宛如一朵盛开的莲花。因其为越窑青瓷中难得一见的秘色瓷珍品而成为苏州博物馆的镇馆之宝，为文创开发提供了灵感源泉。2014年，苏博文创团队研发"国宝味道——秘色瓷莲花碗曲奇"，将文物图案化、扁平化，并采用与青釉相呼应的绿色抹茶粉为原料制作文物曲奇饼干，使文创与文物的设色统一。

2014年，四川三星堆博物馆以馆藏古蜀文明时期的古蜀面具为原型，推出"古蜀面具饼干"，随即在网络上大火。随后，陕西历史博物馆也推出过一系列文物饼干，西汉皇后之玺玉印、汉代长乐未央瓦当、唐代开元通宝货币、银器舞马衔杯银壶等，纷纷成了饼干上栩栩如生的图案。2016年，三星堆博物馆又推出"青铜面具月饼"，再次成了考古界和文创领域的"网红"。

文物饼干成了美食界的博物馆定制、博物馆界的美食新宠，可以被"品尝"的文创首次受到消费者的强烈关注。虽然饼干本身并不是激光加工，但这种图案化的饼干模具在激光雕刻技术的支持下可以被最简单快捷地制造，帮助我们用美食来传播博物馆文化。

（二）文房内的博物馆文创

说到文房文创，不得不提及北京故宫。北京故宫博物院作为全国乃至全世界著名的博物馆，其文创的开发与经营在国内首屈一指，文化创意产品年营业额超10亿元。2016年12月，故宫博物院共计研发文化创意产品8683种，产品涵盖"家居陈设""文房雅玩""紫禁服饰""创意生活"等方面。其中"文房雅玩"类文化创意产品应用到激光雕刻技术最为广泛。

"故宫建筑尺"采集了作为规模最大、最完整木结构建筑群的故宫中保和殿、午门、神武门不同的古代皇家建筑形式，从被设计师简化后雕刻出的尺子轮廓就能识别保和殿为圆攒尖、神武门为重檐顶、午门为三面环抱的"五凤楼"。不得不说图案化提升了博物馆 IP 的辨识度，强化其标志性。

"故宫窗棂尺"提取了乾清门窗棂、景仁宫窗棂、养心殿窗棂、太和殿窗棂的图案，透雕于尺上，将传统的建筑美学应用于产品设计。窗棂的框架结构设计，像是对中国传统木构建筑的微缩和侧写，但又不限于此，使其延伸到文房用品中，成为审美构成要素之一。

"故宫脊兽尺"借用太和殿的脊兽形象，依次是仙人、龙、凤、狮子、天马、海马、狻猊、獬豸、斗牛。脊兽的功能最初是为了保护木栓和铁钉，防止建筑漏水和生锈，对建筑屋脊的连接部起固定和支撑作用。后发展出了装饰功能，并有严格的等级意义，不同等级的汉族建筑所安放的脊兽数量和形式都有严格限制。尺子的巧妙处在于将建筑的三维装饰转换为文具的二维装饰，将故宫的古建美学和吉祥寓意赋予文化创意产品。

不管是"故宫窗棂尺""故宫建筑尺"，还是"故宫脊兽尺"，都充分利用了作为世界文化遗产的故宫最大的 IP——古建筑本身，并将其图案化、标志化，运用激光雕刻技术将图案或整体、或局部地运用到产品合适的位置上。

故宫文具类文创除了竹木材质的激光加工，还有金属材料的激光加工。故宫"千里江山书峰立金属书签"提取故宫馆藏文物宋代王希孟绘制的长卷《千里江山图》的 IP，将中国古代文人寄情山水的表达与现代阅读者纵情书海相结合，利用金属激光雕刻的虚实疏密来表达山石披麻皴、斧劈皴等不同的脉络肌理、明暗变化。设计师匠心独运，上山下水，山水交融的意境跃然签上。

（三）童趣里的博物馆文创

中国海关博物馆开发的丝路通关棋将传统的追逐棋与报关通关情境相结合，形成一套兼具知识性和趣味性、寓教于乐的科普海关知识的通关棋。

这套通关棋在棋子的制作上也用到了激光蚀刻印花技术。激光雕刻除了可以对材料进行切断和透雕处理，还可以蚀刻雕花，处理出一些扁平化的图案和浅浮雕效果。

中国海关博物馆推出的丝路立体拼图也用到了激光切割技术。该拼图提取丝绸之路的符号元素，将之图案化设计，并用激光切割技术切块、层叠制作。木质拼图分为上、中、下三层，最内层为汉代丝路，张骞带领驼队跋山涉水出使西域；中间层为唐代丝路，玄奘西天取经途经敦煌；最外层为当代海丝远渡，中西贸易往来密切。立体拼图以古代著名丝路人物传说作为题材，让孩子们从游戏中了解一段历史，从故事中领略一路风情。

虽然拼图由很多小块的木板组成，但因为激光雕刻对材料断口缝隙的低损耗，只需用到三层 20cm 见方的三合板，按设计图纸切割成型，并根据设色喷漆处理即可，是对材料最大限度的利用。

（四）行旅中的博物馆文创

行旅便携类和行旅馈赠类文化创意产品中也不乏激光雕刻技术的支持。广东省博物馆文创商店代销的"邮历广州"系列木雕明信片，以广州五羊雕塑、广州塔、广东省博物馆等知名景点为题材，展现岭南地标建筑及地域特色于明信片方寸之间。将不同色泽、不同质地的木板用激光雕刻的线元素搭配，激光透雕的面元素层叠组合，形成有立体感的城市地标形象。这样的文创作为旅游的手信或纪念都是不错的选择。

激光雕刻为博物馆文创设计思维和设计语言提供了技术支持，它提供了一种图案化的设计策略，使文化创意产品不再只是一件摆设。狭义地说，它是"馆藏 IP 的符号"和"使用功能"的叠加。广义地说，它是识别性和实用性的复合。

第五节　互联网思维在文化创意
产品中的应用

互联网从无到有，从弱到强，从单个领域到社会的方方面面，人们的生活方式被这张"网"所改变，社会运行模式因为它的存在而不断优化。那么，驱使互联网不断变革而产生深远影响的核心动力是什么？是互联网思维，思维影响行动，行动影响结果。2018 年年底，我国网民数量突破 8 亿，超过美国、日本、德国、英国等发达国家之和，"互联网 +"的理念成为国家战略，互联网真正地对传统行业进行了全方位的变革。

一、互联网思维

互联网思维，是指在互联网（移动互联网）、大数据、云计算等科技不断发展的背景下，对用户、员工、产品、市场和组织乃至整个价值链和生态系统重新审视的思维方式。本节借助互联网思维的用户思维、大数据思维、平台思维以及跨界思维对博物馆的文创工作进行深度改良，以达到优化产品和运营模式的目的。

用户思维。一切产品和服务均以用户的思维和使用习惯进行设计开发，是用户思维的核心。通过与用户的大量接触，全方位获取用户使用习惯和反馈，站在用户的角度去考量产品，注重用户体验，在此基础上用更加人性化的方式实现产品畅销。

大数据思维。大数据思维有三个维度——定量思维、相关思维和实验思维。第一，定量思维，即提供更多描述性的信息；第二，相关思维，一切皆可连，消费者行为的不同数据都有内在联系；第三，实验思维，一切皆可试，大数据所带来的信息可以帮助制定相应策略。

平台思维。平台思维的核心是通过汇集各类元素构建生态圈，以线连接成面，以开放的心态，以共赢的方式，发挥各方所长，实现优势资源的聚合，从而发挥巨大的能量。

跨界思维。随着互联网商业活动不断对人们生活的影响，产业的边界不再完全明确，很多行业应用"互联网 +"的概念，实现了传统业务的优化，变得更加蓬勃发展。跨界思维应运而生，它是一种突破了传统观念和模式，以其他行业的规则和理念，通过创新，对传统行业实现变革的思维方式。

二、互联网思维如何在文化创意产品中应用

互联网思维已经在各行各业应用，如应用在交通领域，出现滴滴打车，方便人们出行；在支付领域，出现了二维码付款，省去携带现金的麻烦等。传统行业通过互联网思维的优化，实现了业务的提升，便利大众的同时，实现了自身的发展。

（一）用户思维帮助博物馆管理者改变传统观念

互联网思维在博物馆文创中的应用，首先是改变博物馆人的思想观念，不是静待游客，而是通过不断地自我优化，以游客体验为中心，进行全面的业务梳理，从原本的坚持以物为本，转变为以人为本的理念，所有开发的文化创意产品要以实用性和趣味性为前提，结合藏品的文化元素，以游客喜闻乐见的形式进行工艺化设计开发，以接地气的形式进行展现营销，主动融入游客中，让游客有互动感、参与感以及深入的体验感，这才有可能做出与游客需求相符合的文化创意产品。

（二）大数据思维让文创工作者全面掌握游客消费动态

博物馆文创的大数据分为两类：一类是线上数据；另一类是线下数据。线上数据通过编程开发，可以获得极度精细的数据信息，每条信息都有数据跟踪，这样的数据便于文创人员知晓产品的消费动态，及时进行产品的更新。线下数据收集相对线上麻烦，可以通过采用二维火等硬件设备进行库存盘点，通过一定周期的销量，进行数据分析，依旧能够知晓当前阶段具体文化创意产品的销量，根据数据同步进行产品调整，实现库存的灵活处理，销量好的及时补货，销量差的采取营销活动打折处理，可以最大限度地减少囤货现象。

（三）平台思维是博物馆文创实现专人做专事的保障

平台化的思维在文创工作的应用就是以博物馆为平台核心，通过合作或授权模式实现各自优势资源的发挥，让专业的设计公司做设计、电商公司做线上运营，让生产商制作质量过硬的产品，通过优势互补，专业人员做专业事，博物馆的文创人员做好相应工作的监督和审议工作，同时这是一个高难度的工作，需要博物

馆的文创员工具备良好的平台思维、审美、市场判断的综合能力。

（四）跨界思维让博物馆文创工作做大做强

IP 是一种宝贵的资源，而博物馆作为征集、收藏、陈列和研究代表人类文化遗产实物的场所，有着得天独厚的优势——任何一个有特点的藏品、人物、品牌形象均有极高的历史文化意义和 IP 价值。通过强强联合的方式，将品牌双方的固有粉丝进行融合，实现品牌影响力的互相渗透，实现产品销售最大化。博物馆跨界是博物馆扩大影响力和做大做强的必由之路，要在原产品的基础上实现做工创新和彼此文化的融合，这样才能最大限度地体现跨界的展示效果，跨界时需要结合彼此情况，制定长期、共赢的合作条款，跨界不是一次单纯的产品售卖，而是以此为契机，建立长效的合作机制，共同长期地实现品牌共生。

互联网思维随着 5G 技术的普及可能会有一定的变动，但其开放、平等、协作、分享的精神不会发生变化，唯有深刻理解和应用互联网思维才能够在文化创意产品遍地开花的当下，开发出有特色、有温度、有故事的产品以及走出符合自己馆情的运营之路。

第六节　中国古代书画元素在故宫文化创意产品设计中的应用

一、文化创意产品设计与传统艺术结合的必要性

随着互联网市场的冲击以及国民经济水平的提高，人们对文化创意产品的诉求，不再是仅满足基本的物质需求即可，而是要求有文化性、娱乐性、精神性的产品。因此，文化创意产品设计与中国传统艺术相结合成为必选的命题。艺术设计与文化创意的结合，是提升中国文化软实力和产业界综合竞争力的重要举措。在加快实现由"中国制造"到"中国智造"转变的背景下，文化创意产品设计与中国古代书画艺术相结合，不仅是对传统文化的创新与传承，而且顺应时代发展

潮流，有望为中国文创产业的未来带来巨大的经济效益和广阔的发展前景。

在时代号召下，故宫博物院走出了崭新的创新路径。在故宫网店销售的文化创意产品中，中国古代书画元素系列文化创意产品的销量遥遥领先。这种现象的主要功劳在于故宫文创的设计思想及产品类别，不仅能给予消费者传统美感的熏陶，同时种类丰富、美观实用，满足人们日常所需。当代文化创意产品的设计关键是要实现与受众精神和情感层面的互动，这样才能广泛传播。

二、文化创意产品设计应考虑的要素

（一）"文化、流通、互动"三要素

文化创意产品的设计须考虑到：文化、流通和互动。文化创意产品的设计应在满足欣赏的基础上，努力走到群众生活中去。博物馆的社会职能主要是文化传播教育，在设计上只有考虑到产品的传播流动性，与消费者形成良性"互动"，文化的"流通"才能实现可持续性增长。成功的文化创意产品不仅是传统文化行走的代言人，也能弘扬与增强国民的民族自信心。文化创意产品要有实用性，也应是传统与创新融合的产物。

（二）对 IP 感与主题系列的应用

创意产业是一门风险产业，当今文化创意产品的时代性、精神性已经超越过去的时代。文化创意产品的设计与生产要更加关注时尚潮流、个人嗜好、传播炒作、社会环境等不可忽略的因素。近年来，随着《国家宝藏》《上新了·故宫》等综艺节目的播出，故宫文化创意产品趁着这股传媒热潮，推出了一系列 IP 合作，并且取得巨大成功。例如，"千里江山系列""清明上河图系列"等。故宫文化创意产品设计的主题也根据节庆日分为了"宫里过年""金榜题名""九下清凉"等，且都取得了比较可观的社会反响。

三、中国古代书画艺术在故宫文化创意产品中的应用

（一）古代中国画元素的应用

故宫文创中的"创意生活"类多为实用型产品，其设计元素不仅涉及世人皆知的《清明上河图》等，还多选取一些色彩搭配古朴典雅、大气经典且绘画题材寓意吉祥、立意高远的小众传统书画作品。例如，故宫博物院藏清王时敏作《杜甫诗意图》册中，一幅绘苍松挺拔，山崖巍峨，一幅绘高山清溪，幽舍掩映，就非常适用于文人学习用具设计，故宫"艺想丹青"书签的设计灵感就来源于此。文创系列帆布包的设计取材多选于图案洞明可爱、匠心独运、朴拙有趣的书画精品，譬如，南宋画家林椿的《枇杷山鸟图》《果树来禽图》等。为适应不同年龄及性格的消费者，还应用有祥瑞福寿之意的《桃兔图》，清新淡雅的《荷花图》等。值得一提的是，故宫文创专题推出了"千里江山"系列，文化创意产品的设计从书签、杯垫到手提袋、镇纸、手机壳等应有尽有，灵感源自中国画中的金碧山水：王希孟的《千里江山图》。

（二）故宫文创中的中国书法元素

文化创意产品一定要使消费者能够感受到传统文化和艺术的魅力，故宫文创中运用书法篆刻元素进行设计的印章正满足了消费者这个夙愿。篆刻与印章的使用，在中国书法史上历史悠久。在历代帝王中，以清代的乾隆皇帝最为嗜印，他酷爱珍藏书画，凡珍藏书画珍品，都要盖上一章。世人常见清宫旧藏书画作品中，乾隆皇帝是无画不衿，无书不盖，乾隆皇帝的印章数量高达 1800 多枚。故宫文创选取乾隆皇帝的典型印玺，设计出了一套"乾隆的百宝箱"印章组合，以榉木和塑胶为材质，便于携带和保存。购买者不仅可以体会到乾隆皇帝热爱盖章的乐趣，也能对书法中的篆刻文化有所了解。

文化创意产业发展的核心竞争力是文化，所以文化创意产品在设计时要保持高度的文化自觉性。设计本身是一门交叉学科，艺术设计与文创产业的跨界交叉，

突破了行业的羁绊，激发出新的创作灵感和活力。故宫文化创意产品设计与中国传统书画元素相结合，兼具中华民族文化的独特性、创新性和原创性，是未来文创设计取向的必然。

第八章　文化创意产品设计的未来发展与趋势

第一节　各艺术元素在文创产品中的积极应用

一、插画艺术在文创产品中的应用

随着经济的发展和政策的鼓励，文创产品早已成为与消费者进行文化信息互动的重要桥梁。插画是一种图像表达艺术，在文化沟通中，插画作为传输信息的核心元素扮演着重要角色，可以更好地展现产品的内涵和风貌。花传递信息时，可以对文创产品进行多元化、系统化的策划与设计。因此，插画艺术在文创产品设计中的应用前景很广阔。

中国经济的快速发展，使得民众追求更高品质的精神文化生活。就当前我国文创产业发展现状而言，不少以插画艺术为主题策划与设计的文创产品受到消费者追捧。故宫博物院推出的系列胶带——仙鹤胶带，其设计来源于故宫博物院馆藏珍品"宝蓝色锻绣云鹤纹袷便袍"，仙气十足，吸引了很多消费者前去购买，经常供不应求。

丰富多彩的文化产业给人民群众的生活带来了翻天覆地的变化。首先是经济收入的增加，改善了民生；其次就是给人民群众带来了丰富的业余生活，提高了人民群众的精神面貌，带来了良好的文化层次的提升。由于目前相关政策还不够完善，导致许多创意设计中缺少代表性的文化内涵或民族特色，部分文创产品雷同，不注重创新，同质化、表面化较严重，并不能深入其文化本质，导致无法与受众生活相关联。在这些新兴产业中，动画和漫画两个文化产业政府比较注重，然而它们发展却很滞后。

（一）插画概念

插画，大众的印象就是在杂志、报纸或者某类书籍里面的插图，它的作用是为了达成更好更直观的视觉效果，补充语言所无法描述清楚的缺陷，以提高语言类文字在宣传中传达的意义。插画存在历史久远，从人类历史上最早的插画——"岩洞画"开始，到基督教诞生后天主教堂上的挂画，再到经历工业革命后欧洲出现装饰运动的杂志与商业海报设计，到后期出现在美国写实派插画的一些经典人物形象，都诉说着插画的蓬勃发展与强烈的时代性特征。但这只是传统意义上的插画作为文学艺术所担任的一种附加角色。这一传统特点突出表现在当代中国，有关插画的载体，绝大部分是属于书籍出版范畴的。

如今，插画所代表的意义和作用在不停地延伸和扩大。比如，在人们日常使用的生活用品中，插画使它们变得更加有趣、灵动、多元化。在这种日益求新的心理作用驱使下，插画必然承载了更多的作用和各色各样的表达方式。特别是现如今它又与文化创意产业存在深切的产业关系。

（二）插画给文创设计带来的优势

1. 增强文创产品的信息性

在文创产品中所能传达的信息数据量是非常有限的，如果希望更精准地表达产品想传递的信息和情感，就只能精妙地将语言、图形和色彩应用到创意中，这就是插画的意义所在。插画的存在杜绝了因文字描述不够精确造成的不必要的信息错误，例如，西西弗书店（SISYPHE）整体的定位是：引导读者受众精品阅读，提高受众的精神生活。所以，无论是视觉导向应用系统还是其插画设计都与精致精神生活相统一。西西弗书店的欧式橱窗空间造型以深绿为主色调，红与黑为辅色调的整体色彩结合产生的焦距感，极具特色，营造出浓厚的阅读氛围。在新年会员卡的插画设计中，运用喜庆又符合整体定位的深红色和庆祝新年的手绘相结合，包装盒添加西西弗行店的主打语：阅读的力量。给消费者以读书摄取知识要永无止境的心理感受，在这种情怀中不自觉地产生消费心理，这也是西西弗书店开店第一年就成功盈利的一大原因。

2. 突出文创产品的情感性

文化创意产品的特点就在于可以迅速达到受众的内心，立刻引起情感的共通点，从而深入内心，记住这个产品，在情感上接受此文创产品。插网与文创产品结合有更好的契合点，文创设计中有了插网的画龙点睛，更能提升文创产品的视觉效果，增添产品的情感性。LINE FRIENDS 是全球品牌，最初品牌开发者为其聊天通信软件设计了几个重要角色，其中包括 Bromn、Choco 和 Cony 等。这些角色的设计有趣可爱，深受年轻人的喜爱。后来，公司抓住年轻人的喜爱点，使其文化产品与消费者的情感紧密相连，使得 LINE FRIENDS 公司一跃成为全世界发展最快速的形象品牌之一。其公司成功的原因正是抓住了文化品牌特色，通过年轻人对这些形象的喜爱而不断加深这些绘画形象与周边产品的联系，让其情感体验不断更新，保证在市场上站稳脚跟。例如，LINE FRIENDS 参加了拉斯维加斯的 2017 年国际品牌授权展（LICENSING INTERNATIONAL EXPO 2017）。那些有着强烈创意及让人深深喜爱着的形象展示的正是这个文化品牌独一无二的品牌影响力。

3. 增强文创产品的民族性

在当今国际社会生产力空前发展的社会背景下，文化创意商品的形态和质量决定了这个商品是否能够在众多的商品中成功地吸引消费者，这是重点。要想达成这个目的，就要从历史文化底蕴上进行提升，把优秀的历史文化艺术跟商品的特点进行糅合，完美地展现出来。重新开馆的湖南省博物馆，不论是在馆内整体设计上，还是在其所出售的产品上，都突出了其民族文化性。博物馆销售的文创产品绘制了西汉引导图插画，将古人锻炼身体的运动图形和产品贴合，造就了点线面之间的节奏均衡的造型美。文化艺术在我国历史中源远流长，把它巧妙地运用到创意商品的设计中，可以呈现出标新立异的文化品位。

（三）插画在文创设计中的应用原则

插画作为一种表现手段应用于文创设计中，可使文创产业更好地开拓市场，推广其文化意义。想更好地传递文化信息，就离不开插画的宣传运用，必须加强两者之间的结合。

1. 插画应对文化信息进行一定的筛选总结

文创产业在现代商业化的流通和销售过程中，要向大众传递它的文化信息。不管是其品牌信息还是想要表达的主题思想，一般需要通过图画、语言、颜色等创意点，把产品展现出来。在"猫的天空之城"概念书店中，其文化创意产品就重点突出"猫"这个文化图形。之所以突出"猫"，这里面还有一个温馨的故事：消费者来"猫空"，问老板娘为什么会起这个名字。老板娘很不好意思地回答："其实很简单，我和我先生当年最喜欢的一部片子就是《天空之城》，然后先生问我喜欢什么，我说猫啊，然后取名'猫的天空之城'，为我开了这家店。"所以"猫"就变成了这个概念书店的代表性语言。

书店结合猫的各类插画及其他视觉元素，让书店有了更自由多样的灵感创作空间。同时它抓住人类亲近动物的策划点，将宠物猫散养在店内作为宣传点来为它的文创品牌打广告，就是这慵懒可爱的猫的形象，使人们一下子记住了这个地方。

在策划的产品中因为文化信息传递限制，人们所能看到的信息也是很狭隘的，这就对创意者提出了更高的要求，必须在有限的时间、空间，快速、精准抓住产品的灵魂，向观众传递直击心灵的视觉刺激。例如，笔者在"猫的天空之城"概念书店所购买的苏州手绘旅行地图，它以手绘插画的形式把地图的主题信息表达清楚的同时，将"猫空"的"猫"与"空"巧妙地构成在地图上，让人怀着轻松愉悦的心情在地图中游走，感受别样的苏州。

2. 运用插画对文化进行更全面的创新

插画与文创设计的完美互补，给予了策划者们更广阔的思路，策划者们能够更加自由，更加随心地设计风格多变、丰富多彩的作品。插画在文创设计中的应用，拓宽了文化的传达形式。文化创意的变化是紧跟人民群众的经济能力而不断改变的，需要符合大众的审美和情感需求。

完美插画艺术的设计里，不仅要有丰厚的文化底蕴，浓重的历史色彩，还需要有新颖的创意，强烈的时尚感。例如，大英博物馆的木乃伊棺椁造型铅笔盒，将铅笔盒与棺椁相结合，上面绘制古埃及木乃伊插画造型，让受众在打开铅笔盒的时候有种庄严的神圣感。虽说是棺椁，却一点都不阴沉，仿佛袖珍的古埃及法老的木乃伊就躺在这棺椁里面。正是这种别具风情的自由创作，赋予了这个创意商品的别致形象，深入人心。插画艺术多样化的形式，为艺术信息的传递锦上添花。文化产品在插画艺术的包装和策划中，更好地展现了产品的特性，补充了设计者想表达的意思，使表达更为精准、活泼。

我国传统图案博大精深，人物画、花鸟画等，无一不具备独特的意境魅力。现代文创设计可以学习大英博物馆的方法，从中国传统元素图案中吸收灵感，设计出具有创意又贴合产品的文化创意产品。如果想要设计出更能迎合大众消费心理的作品，首先必须对传统的历史背景有较为详尽的了解和认知，可以避免单一思想的窘迫境地。我们国家一直以来都有着历史悠久的文化传统和各种民间典故，在运用时，不要照样学样，必须深层地研究剖析其所表达的情感、意义和传递的精神意义，经过创新修改后，赋予一个新的立意，来展现丰厚的文化底蕴。

3.运用插画时准确地把握其文化定位

插画从策划设计者的主观情感以及人民群众的接受方面来展示产品的创意、灵感，能够直击人心。在文化产业的应用中，插画简洁的图画色彩，现代感十足的直观方式更加能够迎合群众的心理，可以引领群众的意识，能够形成文化形象，创造一个为群众熟识的文化效应。精准的插画对于信息的表达不仅增强了文创内部各产品之间的文化意识，以保证在市场竞争中的优势，也为市场提供了更多可选择的创意文创产品，进而增强竞争力。例如，故宫文创产品将故宫中契合的故事和人物以插画的方式进行重新构造，使其夸张化、拟人化等，不仅产生了自己的文创文化定位，更扩大宣传面，吸引了购买力。故宫院长单霁翔说过："一座博物馆，并不在于它有多么雄伟的馆舍，也不在于它有多么多的藏品，甚至不在于它有多少观众，而是在于它怎样进入公众生活。"故宫渐渐地摒弃了一直以来暮气沉沉的样貌，演绎着青春洋溢、充满活力的传统文化的带头人。在故宫的文化创意品牌中，不乏各种有特色，而且很有意义的传统与现代时尚相结合的产品。

近年来，故宫旅游纪念品在网络上大卖，成为搜索热点。这些传统文化旅游纪念品就是借助了故宫悠久深厚的历史文化特点，又结合现代的时尚设计与实用性，才成功吸引了大众的眼球，促成了热销。这些产品的精神意义在于它传递的文化，展现的精神，因此，要把文化的精髓融入设计策划的产品中，才能还原产品的灵魂所在。

插画元素是创作策划过程中的一个不可缺少的关键形式，创作的基本意义在于不断创新。文创本身的意义，就是让受众更加理解文化。插画能促成不同文化、不同创意的重组、提升、合作。文化产品以插画为元素进行不断的演变、求新，运用它的创意产物设计、规划作为起点，促进产业重组，合作发展，推进文化类的产业聚集。对于文创产业来说，也算是增加了一项继承文化的方法。在目前的社会生活应用中，将插画以合理的方式与创意产品整合、创造、加工、传播、应用，是促进产业集中，发扬优良文化传统的方式之一，必将提高中华民族的精神面貌，对国家、社会都将产生深远的影响。

二、剪纸艺术在文创产品中的应用

伴随着剪纸艺术的不断进步，在我们的生活中剪纸艺术被越来越广泛地应用。另外，剪纸艺术还被大量使用到文化创意产品的设计中。传统的剪纸艺术和现代设计可以相互融合，对剪纸进行全面分析和抽象的意义，可以增强现代设计的艺术性。还有将剪纸艺术应用于文化创意性的设计中对剪纸艺术强化时代特性，体现剪纸艺术的特点，促进剪纸艺术的发展是具有促进性的。

文创产品是如今文化消费的重要组成部分。文创设计通过与剪纸的融合，对文创设计可行性进行了分析。在出现新兴元素中，许多设计师逐渐发现传统剪纸元素的重要性，他们不仅在传统剪纸艺术中寻找设计元素，更要从不同的角度分析和视察，在剪纸里有一些抽象意义的设计概念和心理状态进行了变动。另外，他们还可以巧妙地结合出这种抽象的、主观的概念，能够巧妙地结合剪纸元素和文创的产品设计。

现代艺术设计体现了自己独有的特色和传统的艺术思想。因为民族性也是世界的，所以要把它融入现代艺术中。传统剪纸作为现有的文化形态，独特的形态剪纸由艺术构成，正是现代艺术设计要继承和发扬的。各地方文化和旅游相关产业相互连接，我们的现代文化创意产业需要民族性，这样的民族性来源是我们的传统文化。

（一）剪纸和文创产品的发展现状

1.文创设计发展的现状

随着社会经济的发展，文化创意产品的消费的不断提高为商业创造了巨大的价值。例如，王府井虽然是北京有名的商业街，但是来这游玩的人们不仅是吃美食，买衣服，还被超过上万件不同特色的文创产品所吸引，设计者们将王府井饭店标志采用几何图形构成，以中国"方胜盘长"吉祥图为基本形状，经变化构成上下左右对称的正方形，有秩序地进行穿插，表现出了王府井饭店的规范管理、优秀服务的含义。剪纸图形的背后蕴含着对幸福生活和如意吉祥的祈求。文创图形的展现不仅给王府井饭店创造了很好的经济效益，与此同时也树立了饭店规范的管理形象，更借此来传播我国的民间剪纸的历史文化。现代化的设计理念的运用，为剪纸艺术创造出了更广阔的发展空间。

随着互联网行业的日益发展，互联网对文化创意产品的影响越来越广泛。通过互联网，消费者足不出户就可以选购到自己喜欢的产品，这也让文创产品的销售不限制于地区，有了更好的销路和广阔的市场。在设计专业学生和设计师的积极参与配合、不断努力下，想象力和想象的空间被无限放大，随着各种有趣的创意点，促进了开发和实现产品的设计进行了设计改革。在各地政府的支持下，文创产品进行交易，文创产品创造新的展示平台和销售空间，为人民群众的行业生活提升了审美观，提升了生活的品质，促进了文化消费事业的发展。

2. 传统民间剪纸的发展现状

剪纸是我国最普通并且是最普遍的民间传统装饰艺术之一。早期没有出现剪纸之前，人们就用雕、刻、剪等方法在金箔、皮革，甚至树叶上雕刻出各种各样的图案，经过社会的发展和时代的变迁，剪纸艺术以它特有的形态存在于人们的日常生活中，民间剪纸是展现人们美好生活的一种艺术手段，也是表达我们内心情感的一种方式，可以根据自己的喜好和情感在剪纸中进行表达和传递。如今，随着社会的发展，剪纸艺术以各种各样的形式和独特的艺术魅力存在于在我们的生活中，无论是在旅游业、建筑业、还是服装业等，都能看见剪纸艺术的身影，在世界文化中展现了独特的生命力。传统的剪纸可以与现代文化相结合，传统的纹样与现代化的多重元素交叉排列进行重组，排列。更好地体现剪纸在民间的魅力，将剪纸文化普及化让人们更好地发挥自己的想象，创新剪纸的新价值，更好地传递剪纸给人们带来的魅力文化，和文化相互的沟通。在现代的设计中，可以更好地打造出现代剪纸艺术作品。

3. 当代剪纸与文创设计结合的必要性

任何一种艺术的存在都是以群众为基础的，如果脱离了群众，它的存在就相当于无本之木，毫无生命力，也没了它本身的意义。虽然民间剪纸艺术存在于人们的生活中的各个方面，但是也遭到了市场经济化与文化多样性的影响，使得许多的艺术传统技能濒临失传。没有继承就没有发展，我们应正确把握方向，来使我们的民族文化流传到各个地方。我国的物质遗产不是原封不动的存在，而是要融入生活，创新发展，文创设计的最大意义在于生活化，文创产品的设计理念也是围绕着中国的传统文化进行有特色的创新。当文创产品与剪纸艺术相结合时，不但丰富了设计内容与方法，也促进了设计发展，同时提高了产品价值，传承了我国剪纸艺术的历史文化。

（二）剪纸元素在文创设计中的应用

1. 剪纸元素图形在文创产品中的应用

剪纸的图形有着自身的特点和形式，因此它有着非常独特的规则。剪纸的材料主要是纸张，所以剪纸具有平面的特点，它是一种观念上的造型，它的创作来源于人类思维式的审美。具有标志性的图形甚至超过语言文字所能传达信息的功能。同时，剪纸作品大多是高度的概括，人们以图形为依据，从而引发观众心理上的活动。另外，在剪纸作品中不仅能传达中华传统文化，也能够传达感情的深刻意义。创作者在设计图形上也很注重剪纸的对称、重复等手法。此外，通过比较夸张的图形艺术风格，重新组成、重新刻画，并重新画出符合艺术性的要求，从而在图形刻画中传递感情。

2. 剪纸元素色彩在文创产品中的应用

消费者对产品的第一印象来源于看到产品时的视觉冲击，那么色彩则有着极强的吸引力。色彩在剪纸艺术中不仅是剪纸元素中的重要组成，也对体现剪纸文化有着非常大的意义。剪纸用色以象征性的，能够体现产品特性的色彩为主要用色，要做到整体的色彩简单而朴素。在创作过程中，创作者不会设计很多的图形，而是选择非常鲜明的颜色来体现整体的作品。同时，作品整体色调要协调，颜色使用比例要合理。在设计文化创意产品的时候，设计师通常使用色彩对比的方法来对产品颜色进行搭配，从而为产品的主题增添了不少魅力。随着艺术事业不断发展前进，设计师在利用剪纸艺术设计作品时，为了使产品更能吸引人们的眼球，根据产品的特性功能来尝试运用具有创新性的色彩满足消费者人群的消费需求。

3. 剪纸元素技法在文创产品中的应用

剪纸元素的技法主要是整体和镂空技法。但事实上，剪纸是能够给人视觉空透感的一种镂空艺术，它能够让一张很平常的纸在手工艺人的手中从空白变得漏出光影。因此，剪纸要在不破坏它的图形的基础上进行创作。伴随着社会的进步，剪纸被广泛地用在服装制作、家具、装饰等各个地方，其工艺技术已经实现现代化。文创产品的设计师在设计各种产品的同时，很注重剪纸元素技法的运用，要展现出产品给人的整体感受，并且增加它的透视感，给人以视觉和美的享受。在体现剪纸元素技法的同时，文创产品设计师也非常注重阴、阳刻手法的结合，在制作的过程中遵循着先繁后易、先主后次、先里后外的规律来增强产品的层次感和艺术视觉美感。此外，在产品设计过程中要选择耐磨性较强的材料。当今社会，随着人们环保意识的不断提高，文创产品的材料应选择没有污染的绿色环保的材料。

剪纸艺术作为我国的一种传统民间民俗文化，在我国悠久的历史发展过程中具有很深的人文底蕴，它的文化价值也越来越受重视。并且，剪纸来源于人们的实际生活，以各种各样的形式呈现，是我国文化和历史的产物，所以，剪纸艺术是我国民间展现艺术的一种形式。剪纸艺术在文创产品的设计中的应用承载着我国民间艺术文化的传播功能。在文创产品设计中融入剪纸元素，其外在的形象以图形为基础信息，并加上色彩及技法，增强产品的文化蕴涵和艺术价值。在文创产品的设计中不但要注重剪纸的文化，巧妙地运用剪纸艺术，使它与产品的主题一致，还要考虑到它给人怎样的视觉上的享受。

研究剪纸艺术在文化创意产品设计中的应用，不仅是我国民间文化的一种广泛传播的新形式，而且使得产品不仅有文化也有设计感，并且对现代各种设计的发展起了积极的推动作用，也是我国文化的一种传承。

第二节　国际文化创意产业发展方向与启迪

一、文化创意产业发展演化趋势

现在发展态势，是未来发展趋势的依据。未来发展趋势，是现在发展态势的延续，是以发展动力演化为基础的。在经济与文化一体化和全球化发展背景下，世界各国纷纷将文化创意产业提升到国家发展战略的高度，依据本地产业基础与特色，进行制度创新与战略推动，加大科技创新对产业的支撑，做大、做强本国产业，并积极推进其国际化发展。可以预见，全球文化创意产业将在运营上进一步集约化，在空间形态上进一步集聚化，在地区发展上进一步差异化，在产业影响上进一步全面化，在发展语境上进一步全球化。

（一）组织运营集约化

集约化的"集"，就是指将所拥有的经济资源集中起来，给予统筹协调配置；集约化的"约"，是指经济要素在投入、组合、加工与使用时以提高效率与效益为价值标准，达到最优的利用目的。当今世界文化创意产业的发展正逐步展现出集约化趋势，一方面体现在全球化范围内整合文化资源、产业重组与兼并，另一方面体现在产业内部科技创新、新组织模式与新商业模式的采用。在经济与文化全球化的背景下，世界各国都进行体制与政策创新，在提高产业集中度的同时培育大型跨国企业集团，利用资源整合、产品出口、资本的扩展、品牌的推广及管理模式的输出等国际化发展模式，突破打入国外市场过程中所遇到的国家保护主义等各种障碍。大型跨国文化企业全球扩展，不断打破行业、地区与国界之间的分工界限，进行产业价值链条上分工与协作上的国际化调整，目前已经形成一大批超级文化集团。

（二）空间形态集聚化

集群是指产业中相互关联的、在地理位置上相对集中的若干企业和机构的集合。这种集群发展模式不仅带来规模效应、竞合效应、创新扩散效应，还会形成地域性品牌，这给集群中的企业带来经济外部性优势。由于文化创意产业有创新发展的内在确定性内涵，同时拥有多维度、多层次的富于包容力、开放性和可扩展性的综合概念。这就内在地决定了其产业发展具有空间形态集聚化。首先，它涉及的范围非常广，门类繁杂，彼此互补协作、专业分工的产业形成生态链，产业发展的融合性让产业从简单集聚发展为产业集群，产生规模效应和品牌效应。其次，文化创意产业不仅是个人和单个企业的行为，而是需要文化企业、非营利机构、个体艺术家集聚和互动，形成独特的集群发展环境。最后，文化创意产业发展的创新内涵，发展空间形态集聚化可以共享知识溢出的外部性，彼此合作竞争促进创新因素放大，增强产业发展内涵动力。

根据发达国家和地区的经验，集群化发展趋势非常明显，各个主要城市都形成自己的文化创意产业集聚区。世界主要城市文化创意产业集聚区主要有三大块，即北美创意产业圈、西欧创意产业圈与东亚创意产业圈。以北美创意产业圈的纽约为例，纽约是美国第一大城市，也是世界第二大城市，是美国与世界的政治、经济与文化中心，是联合国总部所在地，还是世界500强公司数量最多的城市。高度发达的政治、经济、社会基础为文化产业发展带来天然的便利。同时，纽约还是移民城市，一度移民数量占到全市的一半以上。移民带来多元文化融合与碰撞、高社会容忍度和多元化的生活方式，这是产业最适宜的生态环境。纽约还有个别名——"大苹果"，寓意大家都想咬一口之意，因此它吸引了大量全球创意人才前来工作。据初步统计，纽约创意人才30多万人，相关创意组织50万个，在全美遥遥领先，创意产业集聚效应明显。纽约拥有大量文化设施，如自由女神像、洛克菲勒中心、利斯岛移民博物馆、自然历史博物馆、中央公园、百老汇、纽约大都会博物馆、纽约现代艺术博物馆、纽约时报广场、艺术馆大道、卡内基音乐厅和纽约历史社会博物馆等，这为文化创意人才和游客提供了无数创作灵感和人文体验。比尔·盖茨说："创意具有裂变效应，一盎司创意能够带来无以数计的商业利益、商业奇迹。"这在纽约这座城市更是得到充分的体现。目前，纽约创意产业产值已经超过金融业，是名副其实的支柱性产业，极大地促进了纽约文化、经济繁荣发展。

（三）地区发展差异化

差异化战略，是美国管理大师迈克尔·波特提出的三大基本竞争战略之一，是指为使产品、服务、企业形象等与竞争对手有明显的区别，创造被全行业和顾客都视为独特的产品和服务，以获得竞争优势而采取的战略。文化创意产业作为一个区域性概念，在各地有着不同的内容和范畴，但是这个概念本质内涵是确定的，即是一种政策框架，用来反映、反思、总结和回应过去的文化、经济发展状况，明确指出产业未来核心价值依托，明确产业竞争优势基点和强化产业发展的"战略环节"定位。这样的产业本质内涵，就决定了产业发展的地区差异化。

实践发展上，从对发达国家和地区创意产业的分析可以看出，世界上各个国家或地区根据本地经济发展水平与文化资源结构，沿着制度机制演变路径，结合本地产业基础与本地消费需求特征，发展出具有较强的地域特色、地方魅力与城市风采的差异化的文化创意产业，形成鲜明的"根植"地方的品牌效应，打造生命力强劲的产业布局。比如，伦敦的歌剧、巴黎的时装、意大利的家具等，地方差异明显、声誉效应显著、竞争优势强劲的，都被深深打上了地域符号。这些慢慢随着文化创意产业演化发展而积累起来的地域符号，是当地文化创意产业获得以产业为特征的垄断租金的来源之一，也是基于波特差异化基本竞争战略中获得的竞争优势。

（四）发展语境全球化

全球化"就是流动的现代性，包括物质产品、人口、标志、符号和信息的跨时空的流动，使人类社会成为一个即时互动的社会"。在市场经济和科技进步的双轮驱动下，使要素获取、产品与服务营销和消费、信息互动交流都在世界范围内进行，不同经济主体卷入全球产业分工体系中，它们相互渗透、相互依存的程度不断加强，世界成为一个统一的发展整体。文化创意产业是全球化和文化经济一体化的集中反映，既是经济全球化的体现和组成部分，又是文化全球化的载体和手段，综合地反映着经济全球化和文化全球化的互动关系。反过来，这种经济全球化和文化全球化的互动关系又扩大了文化创意产业的经营规模，拓展了它的发展空间，不断地实现国际化发展势态。在全球化语境下，文化创意产业获得跨越式发展。

文化创意产业作为一种创新型综合性产业，在产业集聚化发展基础上更加集约化与差异化。文化创意产业集约化正是借助大型跨国文化企业进行全球扩展，不断打破行业、地区与国界之间的分工界限，形成跨国界的强势文化产业集团。曾经大获成功的影片《泰坦尼克号》实际上是由 7 个国家的 30 多家公司协作完成的，其中的特技制作包给了由 16 家多国中小技术公司协助的 Digital Domain 公司，其音乐制作包给了索尼公司。多方优势资源的综合，使该片获得了极大的商业成功。

文化创意产业差异化也是基于全球范围内比较而言的。在全球化的语境下，各国、各地区积极进行制度改革和机制创新，不失时机地制定文化发展战略，竞相采用当代高新科技手段和文化成果，力求在更高层次的文化侵占实力竞争中取得先手，并千方百计保护本国民族文化产业和利益。世界各国的文化创意产业以其各自独特的产业价值取向、行业领域和发展方式迅速发展，呈现特色鲜明的产业格局。

特别是美国凭借其文化创意产业的霸主地位，将本国的意识形态、价值观念向其他国家渗透，引起欧洲国家率先提出将文化创意产业作为一种国家应对战略。其后，其他国家纷纷将文化发展战略升格为一种国家发展战略。文化作为一种相对于经济硬实力的软实力，被提高到未来世界的竞争核心地位。文化创意产业成为综合国力的支撑点，其发展不可避免地被置于全球化的语境下。

二、对我国文化创意产业发展的经验启示

怎样加快文化创意产业发展步伐，赶上发达国家发展潮流与节奏，成为我国发展文化创意产业急需解决的问题。特别是在经济与文化的全球化发展环境下，各国纷纷将文化置于发展政策的中心，在国家战略层面推动文化创意产业，利用最新科技革命成果支撑文化创意产业跨越式发展，取得全球文化贸易领域里的优势地位，以期在撷取经济利益的同时，扩展文化输出的范围，实现经济发展方式转变。这对于我国来说，就不再仅是产业繁荣与经济发展的范畴，还是维护本国文化安全的现实需要。因此，对国际经济发展典型国家的文化创意产业进行分析、梳理、研究与思考，得出有益的经验总结与启示思考，就成为我国大力发展文化

创意产业的必要前提。

作为一个新兴产业，文化创意产业是什么样的一种产业？在理论研究上的性质与特点是什么？在实践发展上表现的形态与态势又是怎样的？从产业比较来说，文化创意产业在国家经济中的地位与作用是怎么样的？与其他产业有何不同？从产业发展来说，如何发展文化创意产业？发达国家政府与市场在文化创意产业发展中是如何搭配作用的？文化创意产业发展的关键要素是什么？文化创意产业的发展模式有哪几种？文化创意产业与经济发展方式转变有什么样的互动关系？这些都是在考察了全球经济发展与文化创意产业发展之后需要回答的问题，也是对国内文化创意产业发展的经验启示。

其实，归纳起来就是关于文化创意产业"是什么""为什么"和"怎么样"这三个基本问题。这三个问题是有着内在逻辑联系的，它们不可分割、紧密结合。只有理解了文化创意产业的"是什么"，才奠定了国内文化创意产业的发展前提，才可以展开对其发展的理论研究与发展实践，制定产业支撑政策与保护制度才有了依据。知道了"为什么"发展文化创意产业，国内文化创意产业的发展才可以顺应世界经济形态变迁，才可以融入全球产业发展趋势中。只有搞清楚"怎么样"发展文化创意产业，才可能将文化创意产业国际普遍性的抽象理论与国内特殊的具体实践结合起来，紧紧把握住文化创意产业创新发展的实践内涵，在我国这样一个地区差异大、经济社会发展不平衡、文化资源分布不均衡的大国，做出具有可行性的文化创意产业顶层设计。

（一）什么是文化创意产业

各国研究机构、政府及学者都从自己国家发展战略、自身优势、研究目的和研究兴趣出发，提出各种各样的界定范畴和发展理念，如文化产业、创意产业、版权产业和内容产业等。这些概念是含义多重、彼此相似的术语，其所描述的是"文化与经济互为激荡的空间"，其中的相关研究暧昧颇多、歧义不断。而且，每一个国家都有自己的文化创意行业重点发展的细分行业，如英国以音乐、电影、舞蹈、歌剧、互动休闲软件等细分行业为发展重点；美国以电影行业为首的娱乐产业称霸全球；日本通过动漫产业的输出将本国文化传入世界各地；韩国的网络游戏目前在世界上居领先地位；等等。

文化创意产业是什么？世界各国具体实践发展中的差异性、理论界研究纷争下的多样性，给文化创意产业镜像蒙上了一层阴影。这种现象一方面反映出文化创意产业作为一种新兴产业处于方兴未艾的阶段，其产业特性、经济效应和社会影响都未完全呈现。各种相关概念暂时还没有通过严格研究而确定基本被接受的适度底线。这个底线应该建立在积极的理性研究基础上，不同于服务商业发展利益的说辞。因此，现在对其内涵和外延下一个准确的界定是件困难的事情。另一方面，各国突出发展的重点细分行业在反映了文化创意产业本质是一个具有创新发展的内在确定性内涵的同时，又拥有多维度、多层次的富于包容力、开放性和可扩展性的综合概念。文化创意产业是各国基于反映、反思、总结和回应过去文化、经济发展状况而使用的一种政策框架。文化创意产业这样的本质内涵，对于我国发展文化创意产业，理解其产业内涵与范围界定、确定产业未来核心价值依托、明确产业竞争优势基点与选取产业发展的"战略环节"定位，提供实践发展样本和理论分析参考。

（二）为什么发展文化创意产业

文化创意产业是在全球经济发展实践中蓬勃兴起的，由于文化创意产业演化发展中表现出的强劲发展势头，以及其特殊、优良和多维的经济特性，逐步在国民经济发展过程中呈现出系统、互动和重构的多层面的复杂关系。越来越多的国家、研究机构和经济学家都将目光投向文化创意产业。为什么发展文化创意产业？回顾世界各国文化创意产业发展史，尽管它们的发展动机、模式和重点都不尽相同，但是综观文化创意产业兴起与发展的时代背景，就可发现，它是在经济"文化化"和文化"经济化"双向推动的经济与文化一体化逻辑下演化出现的，是近几十年来发达国家经济社会发展转型的产物。从这个意义来看，文化创意产业既和精神生产与文化经济相联系，又和国家经济转型政策创新相关。针对其发展语境分析，每一种新的术语的出现当然有其自身所参照的经济形态、社会背景和现实语境，如文化经济、知识经济、网络经济、创新经济及体验经济等；针对其发展现状分析，文化创意产业的发展，不仅以其各自独特的产业价值取向、领域和方式迅速发展，呈现出巨大的发展潜力，有的已经成为国民经济的重要支柱产业，超出了它原始的内涵和行业的范畴，演化成了重构经济结构、转变经济增长方式和经济发展形态的特殊力量形态，已成为国家核心竞争力的博弈体系中的构造性元素，深刻影响着世界各国文化力量、文化战略、文化政策的抉择和演化，使文化及其产业全球化成为一个国家、一个民族的重大战略问题；针对其发展趋势分析，在经济与文化的全球化互动发展趋势下，各国各民族积极进行制度变革和创新，不失时机地制定文化发展战略，竞相采用当代高新科技手段和文化成果，力求在更高层次的文化侵占实力竞争中取得先手，并千方百计保护本国民族文化产业和利益。文化创意产业集约化、集聚化、差异化、全球化的发展趋势愈加明显。可见，文化创意产业这些发展的历史必然、发展语境、作用与功能及发展趋势，为我国为什么发展文化创意产业提供了理论回答和实践对比。

（三）怎么样发展文化创意产业

在全球文化创意产业实践发展中，以其各自独特的产业价值取向、领域和方式迅速发展，呈现出多样化、多维度、多层次的发展特点。从典型国家文化创意产业实践发展来看，既有英、美等老牌资本主义国家，又有日、韩等东亚新兴后起国家。但是，文化创意产业在这些代表性国家中又呈现出不同的发展理念、模式、重点，以及管理方式和发展政策。这给我国这样一个地区差异大、经济社会发展不平衡、文化资源分布不均衡的大国，得出具有可行性的文化创意产业顶层设计带来困境。

怎么样发展文化创意产业？对于这个问题，不仅要对全球文化创意产业的发展进行整体分析，探析兴起动力、厘清发展历程、剖析产业格局和讨论总体特点，还要从各个发展文化创意产业典型国家个体上对它们的成功发展进行分析，得出它们的成功发展无不指向政府的高度重视，依据自身经济社会特点确定的发展思路，基于国家整体发展而出台的引导政策，根据细分行业特点的针对性发展机制设计，综合应用市场、技术、行政、法律、商业等多种手段的调控措施。将研究重点聚集在各国产业发展不同态势背后的深层次因素分析上，基于国际比较分析的视角对全球文化创意产业的发展背景、发展理念、发展模式、发展重点、发展管理与发展政策进行比较分析。这些研究，为我国结合本国实际、转变发展理念、选择发展模式、探寻发展路径、制订发展政策计划与构建制度保障等方面，奠定扎实的理论指导，提供丰富的实践模仿案例。

第三节　设计在体验经济背景下的发展方向

随着社会的发展，人们所追求和期待的物质生活用品将不再是机械的、毫无生气的、冷冰冰的产品，人们将对自身本性进行不断审视和完善，设计将向着具有人性化的感性设计迈进，通过感官、情感、心理等方面来激发愉悦人的精神，强调人的内在体验和参与，追求更具人性化和情感化的设计。这将是体验经济语境下设计的发展趋势，符合时代赋予设计的主题。

一、从有形设计向无形设计转变

设计本是指一种周密的设想、计划，是为了满足人们的需要而设的固定的、有形的、美好的产品。在工业化时代，设计是在设计某一产品时有明确的目标，有严密的计划、步骤，在产品生产出来之前就知道它的形态特征，因此设计的是预先知道和可能存在的有形的东西。

在体验经济社会，设计高度关注物与人之间可能产生的各种关联，尽力捕捉和把握物的情感激发的可能性和可行性，追求一种"无法确定的抒情价值"和"能引起诗意反应"的无形设计，让人参与其中、体验其中，成为人情感寄托之所。

设计的重心已经从有形物的创造中转移出来，向无形虚体要素转变。这里所谓的虚体要素，就是人文关怀、生理体验、心理感受。人们更多的是把产品看成一种文化和认识的过程，从而赋予其新的意义。从有形设计向无形设计转变，将是21世纪设计发展的总趋势。在一场主题为"感觉高于物质——有限物质时代下的非物质设计"的国际工业设计学术会议上，学术界知名学者明确提出：未来的设计将会从物质设计向非物质设计转变，将会从有形设计向无形设计转变。

二、从物质设计向非物质设计转变

20世纪90年代，随着电脑的普及、网络的建立与扩张，一个所谓的"信息社会"悄然而至。信息是非物质的，而信息社会实际上就是所谓的"非物质社会"。信息社会是一个基于提供服务和非物质化产品的社会。对于设计而言，非物质设计就是社会后工业化或者说是信息化的结果。

物质设计是社会工业化的结果。工业化建立起来的社会是一个基于物质产品生产与制造的社会，而物的数和量都是社会进步的标志。在工业社会中，设计是为了满足人类的物质欲望和消费活动，产品的物质层面表达了人们生活方式和生活内容的基本方面，而产品的艺术性和精神性只是附着在产品的物质层面上。

非物质不是物质，但它是基于物质层面的，只不过是脱离了物质层面的精神性产品。非物质设计是相对于物质设计而言的。到了非物质设计，设计的重心已经不再是有形的物质产品，而是越来越多地转移到一种抽象的关系，极力将诗意、情感之类的非物质因素物化在物质的产品当中，构成一种人与产品的交流、对话关系。设计师通过产品与使用者进行交流，而使用者可以从产品身上体会到设计师的情感，在使用产品的过程中体会到和产品之间的情感。产品不再只是冷冰冰的、千篇一律的机器制造物，而是拥有了自己的生命和性格。产品的使用层面不仅涉及了功能的可靠、好用，重要的是使用方式的体验化、娱乐化、情感化。比如，手机从翻盖到滑盖再到旋转盖，其功能类似，但使用方式的变化实际上是设计者创造了新的使用情境，增加了用户使用时的乐趣。

从物质设计至非物质设计，反映了设计价值和社会存在的一种变迁，即从功能主义的满足需求到商业主义的刺激需求，进而到非物质主义的人性化需求。

三、"形式"非物质化和"功能"超级化转变

在传统的工业设计中，功能与形式是相辅相成、相互制约的。形式服从功能，还是功能服从形式，一直是设计理论界争论的话题。以往，对任何产品而言，功能只有在物质形式中才能得以实现，但在后工业时代，产品的表面形式已经和它的功能相分离。也就是说，外在的形式已经不只是为了表现功能，产品本身也在成为一种"超功能"，而这种功能的超级化包含了心理和情感因素。纽约市的Cooper Hewitt 国家设计博物馆馆长助理 Susan Yelavich 认为，"功能现在包含了心理和情感"。设计从理性功能的满足，进一步上升到对人情感功能的关怀，如在日本的京都市，大的十字路口设有专门为盲人设计的交通指示，用不同的声音来表示红绿灯。设计作为一种桥梁，将传达更多的情感。

形式本身也变成了一种看不见、摸不着的非物质的东西，没有形状、色彩、线条、质地等标志物将它标示出来，最终的产品再也不像传统产品那样，是一个摆在我们面前可以任我们去解释的东西，而是成为一种"形式"的非物质化和"功能"的超级化。例如，E-mail 邮箱，其物质的形态已经消失，我们只是看到一种信息传递功能，看不到为信息传递功能服务的形式，形式自身变成了非物质的东西。正如马克·第亚尼所说："以电脑为中心的生活开辟了一条新的地平线，人类社会正处在由高度发达物质社会向非物质社会过渡，形式的非物质化、功能的超级化逐渐使设计脱离物质层面，向纯精神东西的非物质层面靠近。"

在后工业社会，社会生产、经济、文化的各个层面都发生了重大变化。这种变化反映了从一个基于制造和生产的物质产品社会向一个基于服务的经济性社会（以非物质产品为主）的转变。这种转变不但扩大了设计的范围，使设计的功能和社会的作用大大地增强，而且导致设计本质的变化，即从一个讲究良好形式和

功能转向形式的非物质化和功能的超级化，为消费者带来某种超越形式和功能的、积极的、美好的生活感受和体验。这将是 21 世纪设计发展的总趋势。

四、从理性设计向感性设计转变

在工业经济时代，人们的物质需求不够完善，物质技术条件不够发达，其更多追求的是产品的大规模、标准化的生产和消费，因而设计出来的产品都是"理性""冷漠"，缺乏"感性"的温暖。这是由当时的社会、经济、技术条件所决定的，产品只是冷冰冰的机器制造物，没有生命和性格。

当人类社会发展到体验经济时代，社会、技术和经济得到了空前的发展，人们的物质需求得到了极大满足，吃饭、穿衣不再是为了满足温饱及穿暖，更多的是为了享受文化和追求时尚，追求一种生活体验和情感满足，满足消费者内心的高层次需求。使用者对产品设计已从理性需求转向了感性诉求。人们需要的是能刺激感官的产品，追求刺激及尝试新鲜体验。

设计的目的在于交流，从理性层面上升到精神和情感层面，即感性层面，更容易打动消费者，引发美好心理感受。在信息无处不在的今天，要想激发消费者的兴趣，就必须打动其内心情感，从理性设计上升到感性设计，使消费者获得心理上的认同，产生深层情感体验，体现设计的人文关怀。因此，人们更多渴望得到设计师设计出追求自我、表现个性，并可以参与其中、乐于其中的感性产品。

五、从产品设计向服务设计转变

现代社会中，在物质的"量"已经完全满足了人们的需求时，寻找一种新的满足人们的设计方式显得尤为重要。工业社会的物质文明向后工业社会的非物质文明转变，在一定程度上将导致设计从产品设计向服务设计转变。

服务作为一种设计，是以后工业时代、体验经济背景下人的需要为基础的，把设计中为人的因素更加凸显出来。设计以人为本、为中心，全心全意为人服务。

设计从人的根本利益出发，服务于人类。脱离了热爱人、尊重人的目标，设计便会偏离正确的发展方向。

服务是过程、方式、手段，亦是目的。服务的主要层面是从精神上调节人的生活，让处于快节奏的现代生活中的人们，最终能够切实地享受生活，享受设计为人们带来的快乐。设计以人为本，走向服务，把设计推到了时代的语境，更好地促进设计的全面、和谐发展。

参考文献

[1] 杨璐莎 . 文创产品设计与开发实践 [M]. 北京：中国广播影视出版社，2022.

[2] 郭李贤 . 博物馆文创产品设计开发策略与创新思路研究 [M]. 北京：中国纺织出版社， 2022.

[3] 严婷婷，张西玲 . 文创产品设计 [M]. 北京：科学出版社， 2022.

[4] 王丽 . 特色文化 IP 与文创产品设计 [M]. 杭州：浙江大学出版社， 2021.

[5] 董锦 . 山西非物质文化遗产与文创产品的设计应用研究 [M]. 太原：北岳文艺出版社， 2021.

[6] 赵勤 . 旅游文创产品设计 [M]. 哈尔滨：哈尔滨工程大学出版社， 2021.

[7] 严婷婷，张西玲 . 文创产品与旅游纪念品设计 [M]. 北京：科学出版社，2020.

[8] 罗咏诗 . 社交媒体环境下 "Z 世代" 群体文创产品购买意愿影响机制研究 [J]. 科技传播， 2023（12）：79-83.

[9] 王菊 . 文创产品开发与创新设计 [M]. 西安：西北工业大学出版社， 2020.

[10] 张爱红著 . 文创产品审美化消费研究 [M]. 济南：山东人民出版社，2019.

[11] 张鸶鸶 . 文创产品设计实践 [M]. 成都：四川美术出版社， 2019.

[12] 侯力丹，崔悦琰，李怡冉 . 河北省博物馆 IP 形象文创产品设计 [J]. 包装工程， 2023（1）：689.

[13] 蒋正鑫，左洪亮，张辉，等 . 河洛文化在文创产品设计中的应用研究 [J]. 包装工程， 2023（A1）：420-424.

[14] 耿新，邢鹏飞，陈飞虎，等．基于中国民间喜文化的文创产品设计研究 [J]. 包装工程，2023（1）：92-96.

[15] 刘佳其，徐意如，董艺文，等．基于高校景观文化元素的文创产品设计与实践 [J]. 包装工程，2023（A1）：439-448.

[16] 刘棠，瞿震．基于受众导向的国产动画电影文创产品开发策略 [J]. 包装工程，2023（A1）：97-102.

[17] 郜红合，张文娟，李强．基于叙事性设计的雷锋文创产品设计研究 [J]. 包装工程，2023（1）：433-438.

[18] 屈玮．敦煌旅游文创产品的设计方法和开发价值研究 [J]. 莲池周刊，2023（20）：74-76.

[19] 张荣军．网络时代文创产品内容开发与传播的实践 [J]. 美化生活，2023（19）：147-149.

[20] 刘浩，徐祥瑞，赵艳．校园文创产品设计及推广 [J]. 美化生活，2023（18）：32-34.

[21] 邓伟聪．传统文创产品的创新设计思维 [J]. 美化生活，2023（18）：50-52.

[22] 和靖媛，孙鸿雁．东巴文字在旅游文创产品设计中的应用研究 [J]. 品牌研究，2023（18）：31-33.

[23] 张飞燕．新时代博物馆文创产品的属性 [J]. 文化产业，2023（17）：78-81.

[24] 贾晓雯．用户情感体验的文创产品设计研究 [J]. 美化生活，2023（16）：196-198.

[25] 施舒悦．国企文创产品开发和企业文化 [J]. 经济与社会发展研究，2023（16）：260-262.

[26] 于明娟．新时期公共图书馆文创产品如何"出圈"[J]. 文化产业，2023（16）：96-98.

[27] 朱爱莉. 文旅融合视角下地域性文创产品设计策略研究 [J]. 中学地理教学参考，2023（16）：91-92.

[28] 龚薇. 嵌入粤港澳大湾区文化元素的校园文创产品设计研究 [J]. 广东教育 (综合版)，2023（15）：84-85，128.

[29] 崔会娇. 河北民俗博物馆文创产品品牌树立及新媒体传播策略 [J]. 美化生活，2023（15）：118-120.

[30] 吴婕. 现代语境下乡村旅游文创产品设计研究 [J]. 包装工程，2023（14）.

[31] 王棋壹，雷青，康祖怡. 基于"故宫文创"的产品价值感知与消费需求影响研究 [J]. 包装工程，2023（14）.

[32] 王岚. 新时代下博物馆文创产品创新研究 [J]. 文化创新比较研究，2023（14）：126-130.

[33] 李子璇，梁云杰，王佳瑶，等. 基于广西区内民族元素的文创产品设计研究 [J]. 艺术品鉴，2023（14）：88-91.

[34] 崔志康. 新媒体环境下的文创产品设计审美发展方向研究 [J]. 艺术品鉴，2023（14）：80-83.

[35] 卢钰. 符号学视域下瑶族文化在文创产品设计中的运用与实践 [J]. 花溪，2023（14）：76-78.

[36] 徐丽静. 地域文化元素在文创产品设计中的应用探讨 [J]. 花溪，2023（13）：58-60.

[37] 袁港. 数字文创产品设计中的叙事学理论 [J]. 文化产业，2023（13）：13-15.

[38] 黄晨. 新媒体视域下皮革文创产品传播策略研究 [J]. 西部皮革，2023（13）：6-8.

[39] 董鑫. 数字印刷在文创产品个性化设计中的应用 [J]. 才智，2023（13）：187-189.

[40] 万博琦. 再设计视角下非遗文创产品的视觉设计研究 [J]. 艺术大观，

2023（13）：82-84.

[41] 于清婵.中国传统图案在现代陶瓷文创产品中的应用 [J]. 艺术大观，2023（13）：85-87.

[42] 原田.数字化时代语境下的开封博物馆文创产品创新设计 [J]. 美化生活，2023（13）：181-183.

[43] 和晓旭，王硕.从设计层面分析地方文化元素在文创产品中的使用及开发策略 [J]. 花溪，2023（13）：70-72.

[44] 盛卓立，孙琪，王慧敏.博物馆文创产品的设计与开发 [J]. 包装工程，2023（12）：400-402，410.

[45] 张安琪.基于传统文化的文创产品包装设计 [J]. 西部皮革，2023（12）：99-101.

[46] 唐舒静，张春明.服务设计理念下的文创产品设计研究 [J]. 设计，2023（12）：93-95.

[47] 陈莉.基于地域特色文化与文创产品融合发展模式的分析 [J]. 艺术品鉴，2023（12）：75-78.

[48] 黄缨，武文菁，陈艾玲.平面几何图形在高校文创产品设计中的应用 [J]. 美术教育研究，2023（12）：78-80.

[49] 高悦.新媒体视域下的文创产品设计探索 [J]. 河北画报，2023（12）：73-75.